经理人下午茶系列 15

追求突破型创新

《哈佛管理前沿》
《哈佛管理通讯》　编辑组　编

朱　静　译

商务印书馆
2009年·北京

Creating Breakthrough Innovations

Original work copyright © Harvard Business School Publishing Corporation

Published by arrangement with Harvard Business School Press.

图书在版编目(CIP)数据

追求突破型创新/《哈佛管理前沿》《哈佛管理通讯》编辑组编;朱静译. —北京:商务印书馆,2009
(经理人下午茶系列)
ISBN 978-7-100-05545-1

I. 追… II. ①哈…②朱… III. 企业管理 IV. F270

中国版本图书馆 CIP 数据核字(2007)第 101672 号

所有权利保留。
未经许可,不得以任何方式使用。

追求突破型创新
《哈佛管理前沿》《哈佛管理通讯》编辑组 编
朱 静 译

商务印书馆出版
(北京王府井大街36号 邮政编码100710)
商务印书馆发行
北京瑞古冠中印刷厂印刷
ISBN 978-7-100-05545-1

2009年2月第1版 开本 650×1000 1/16
2009年2月北京第1次印刷 印张 13¼
印数 5 000 册
定价:27.00元

商务印书馆—哈佛商学院出版公司经管图书翻译出版咨询委员会

（以姓氏笔画为序）

方晓光　盖洛普（中国）咨询有限公司副董事长
王建铆　中欧国际工商学院案例研究中心主任
卢昌崇　东北财经大学工商管理学院院长
刘持金　泛太平洋管理研究中心董事长
李维安　南开大学商学院院长
陈国青　清华大学经管学院常务副院长
陈欣章　哈佛商学院出版公司国际部总经理
陈　儒　中银国际基金管理公司执行总裁
忻　榕　《哈佛商业评论》首任主编、总策划
赵曙明　南京大学商学院院长
涂　平　北京大学光华管理学院副院长
徐二明　中国人民大学商学院院长
徐子健　中国对外经济贸易大学副校长
David Geohring　哈佛商学院出版社社长

致中国读者

哈佛商学院经管图书简体中文版的出版使我十分高兴。2003年冬天,中国出版界朋友的到访,给我留下十分深刻的印象。当时,我们谈了许多,我向他们全面介绍了哈佛商学院和哈佛商学院出版公司,也安排他们去了我们的课堂。从与他们的交谈中,我了解到中国出版集团旗下的商务印书馆,是一个历史悠久、使命感很强的出版机构。后来,我从我的母亲那里了解到更多的情况。她告诉我,商务印书馆很有名,她在中学、大学里念过的书,大多都是由商务印书馆出版的。联想到与中国出版界朋友们的交流,我对商务印书馆产生了由衷的敬意,并为后来我们达成合作协议、成为战略合作伙伴而深感自豪。

哈佛商学院是一所具有高度使命感的商学院,以培养杰出商界领袖为宗旨。作为哈佛商学院的四大部门之一,哈佛商学院出版公司延续着哈佛商学院的使命,致力于改善管理实践。迄今,我们已出版了大量具有突破性管理理念的图书,我们的许多作者都是世界著名的职业经理人和学者,这些图书在美国乃至全球都已产生了重大影响。我相信这些优秀的管理图书,通过商务印书馆的翻译出版,也会服务于中国的职业经理人和中国的管理实践。

20多年前,我结束了学生生涯,离开哈佛商学院的校园走向社会。哈佛商学院的出版物给了我很多知识和力量,对我的职业生涯产生过许多重要影响。我希望中国的读者也喜欢这些图书,并将从中获取的知识运用于自己的职业发展和管理实践。过去哈佛商学院的出版物曾给了我许多帮助,今天,作为哈佛商学院出版公司的首席执行官,我有一种更强烈的使命感,即出版更多更好的读物,以服务于包括中国读者在内的职业经理人。

在这么短的时间内,翻译出版这一系列图书,不是一件容易的事情。我对所有参与这项翻译出版工作的商务印书馆的工作人员,以及我们的译者,表示诚挚的谢意。没有他们的努力,这一切都是不可能的。

哈佛商学院出版公司总裁兼首席执行官

万 季 美

目录

引　言 001

第一部分　创新的误区

1. 突破之路
    斯科特·D.安东尼　克莱顿·M.克里斯滕森　018
2. 推倒禁锢集体创造力的围墙
    加里·哈梅尔　亚力杭德罗·赛亚哥　030
3. 翻译之失　安东尼·W.乌尔维克　044
4. 六条令人惊奇的创新洞见　洛伦·加里　054

第二部分　实施创新策略

1. 研发的新规则　亨利·切斯布罗格　064
2. 性能、便捷与价格：你的品牌优势在哪里？
    斯科特·D.安东尼　克莱顿·M.克里斯滕森　072
3. 竞争优势在哪里？　洛伦·加里　086
4. 内部创新　朱迪思·A.罗斯　092
5. 风险是创新的代价吗？　哈尔·普洛特金　102
6. 左右开弓的创新　洛伦·加里　108

第三部分　检测一个想法的潜能

1. 你能确定稳操胜券者吗？　埃里克·曼金　122

目录

2. 如何下大注
   斯科特·D.安东尼 马克·W.约翰逊 马特·艾林　　136
3. 有时候想法高远不等于产品成功
   　　　　　　　　　　克莱尔·马滕斯　　150
4. 你的产品开发流程是否有助于创新？
   　　　　　　　　　　埃里克·曼金　　160
5. 变革不是固定的目标　　斯科特·D.安东尼　　172
6. 你看到正确的信号了吗？
   　　　　克莱顿·M.克里斯滕森 斯科特·D.安东尼　　184

作者简介　　200

引　言

　　无论在企业组织中扮演何种角色,你和手下的雇员都能为组织的创新力做出贡献——创新力可以创造出新的产品和新的服务,设计出更为有效的流程和新颖、赢利的商业模式。创新对于组织长久的健康和成长至关重要。当各个公司在创新中得到发展,各行各业乃至整个经济都会得到发展,从而全社会的生活水平也会因此得到提高。

　　但是不管创新价值如何,许多经理人还是要和商业创新规则带来的各种独特挑战进行斗争。一方面,成为常见的创新误区受害者并不是一件难事——比如,相信创新力是教不会的;觉得创新只与新技术或产品有关;只有令人瞩目的行业才能创新;或者认为只有当与产品或流程有关的新想法能够带来改变整个行业的重大突破时,这个想法才值得一试。如果经理人接受了这些错误说法,他们就不能有效地进行创新——他们的公司则会为此付出代价。比如,某个经理人可能会为了获得"轰动效应"而在工作上急于求成,结果错过了许多诱人的机会,因为这些机会最初看来太微小而没有引起他的注意。又或许,某个经理人可能会把所有用于创新的资源倾注在所谓的"创新天才"身上,剥夺了团队其他成员贡献有价值的新想法的机会。其实,只要其他的员工获得了同样的机会和支持,他们也能提出新想法。

另外一个挑战以不确定究竟该如何成功创新的形式出现。例如,你应该采取什么策略来形成大有可为的新想法?你是不是应该仅限于在企业内部寻求新思路?或者,对竞争者、顾客和其他行业的分析是不是也有可能带来有价值的见解,最终给你的部门带来突破性的创新?

还有,你应该如何处理开发和实践新想法的过程中蕴涵的风险呢?例如,你和自己的团队提出的许多创新想法恐怕并不会在市场上获得成功。即使是那些确实获得商业成功的创新也会有风险。特别是,也许你凭借突破性创新开辟了一条路,最后却发现,不愿承担开拓新想法风险的对手公司即刻抄袭了你的创新,并获得了所有的效益。在这些风险的前提下,你要怎样做才能促成一种文化,让你和团队能够备感安全地去形成、开发创意呢?

然而,即使通过选择有效的创新策略,把正确的流程和文化安排到位来支持创新也是不够的。一旦你应用某个创新策略形成了大有可为的想法,你还需要测试这些想法的潜在价值。只有通过测试,你才能分辨出哪些想法值得享有有限资源的最大份额。

可是,这里有一个潜在的问题:测试一个想法的潜能已经变得比以往更复杂。经理人承担的压力越来越大,他们需要更快地进行创新,而测试新想法的预算却在日益缩减。如果上面描述的正是你公司的情况,你就需利用有限的创新资源精明地进行投资。

设想这样一幕:你或几个员工已经预见到了一种激动人心的新产品。那么,如何来衡量这个产品潜在的商业价值呢?如果你开发出这一产品,它会给消费者带来什么益处呢?你可以给它定一个能给公司带来利润的价格吗?这个项目会不会帮助公司吸引住全新的顾客群,或找出对手公司的弱点呢?作为回应,对手公司有没有可能用一种更便宜、更方便、更吸引人的产品来攻击你的新产品呢?此外,随着新想法一步步与市场接轨,要怎样做才能继续对产品的潜能作出评判以便马上知道它是否最终能取得成功,并且可以在投资更为过度之前"拔下插头"呢?

所有这些挑战并不容易战胜,包括了解创新误区并与之战斗、决定该使用哪个创新策略,以及测试新想法的潜能。然而,创新对于公司的健康是如此的重要,因此你需要直面眼前的这些挑战,获得企业竞争和兴盛所需的结果。本册书中所选的文章来自创新领域中一流的专家——加里·哈梅尔(Gary Hamel)、克莱顿·克里斯滕森(Clayton Christensen)、斯科特·安东尼(Scott Anthony)和埃里克·曼金(Eric Mankin)。

他们只是其中的一小部分专家。这些文章旨在帮助你正确行事。它们被编成三大部分,为你清除团队、科室或者部门中的创新障碍提供有价值的观点和建议。下文是对阅读本书过程中将要遇到的概念、惯例和工具所作的预评。

创新的误区

避免成为创新误区受害者的最佳办法就是了解这些误区。本部分展示了较为普遍的误区,描述了它们带来的代价,并提供了更加有效的思维和实践方式以替代这些流传甚广的误区。

第一篇选文"突破之路"由斯科特·D.安东尼和克莱顿·M.克里斯滕森所写,它揭露了五种创新误区:(1)创新只与技术有关。事实上,做生意、赢利或了解顾客需要什么等方面的新方法通常是比技术更有价值的创新形式。(2)更多的资源等于更多的创新。与此相反,把太多的金钱投入到创新中会使团队糟蹋资源而不是重新作出应有的努力。(3)只有造成轰动才算成功。然而,大多数改变行业的创新刚开始的时候都是小动静,要轰动,它们也需要时间和动力。(4)创新是随机的并且是不可预测。实际上,通过了解成功模式,公司是可以不断获得创新的权利的。(5)创新能力

是教不会的。然而,事实是,任何人都能学会如何辨别成功创新的模式。

在"推倒禁锢集体创造力的围墙"一文中,伍德赛德研究所(Woodside Institute)的加里·哈梅尔教授揭示了其他与创新相关的误区。例如,人们普遍认为创新必须由公司的研发部或新产品研究组来进行。对此他提出了异议。他认为,必须动员每个员工,发挥他们的想象力,为公司提出有价值的想法。哈梅尔还认为,与人们普遍接受的信念正好相反,创新不一定非得耗费巨资。恰恰相反,经理人可以找到实验新主张的廉价方法。他写道,"竞争成功与研发部的费用之间的关系其实非常小"。尽管哈梅尔也认为某种创新是有风险的,但通常情况下,进行创新也是十分谨慎的。他用星巴克(Starbucks)的借记卡为例:借记卡技术就是很好的证明。借记的理念在向全国推广之前可能先在少数店铺先进行过实验。这样,推出借记卡就几乎不是高风险的举措。

"翻译之失"中,顾问安东尼·乌尔维克(Anthony Ulwick)集中探讨了一种具有特殊的破坏力的误区:那种通过专题小组讨论和顾客调查就能够获得精确的信息,了解顾客重视哪种创新类型的假设。乌尔维克反驳说,这些活动通常不会产生精准的结论,而会把营销和发展团队领入歧途。乌尔维克介绍了三种战略用以得到乃至使用顾客传达出来的更为精确的信息:(1)查明潜在顾客的某个创新想要达致什么目标。比如,有些饮料不但能止渴,还能提供维他命和草药。(2)询问顾客想要获得什么样的结果。比如,口腔护理产品的创新已经帮助人们将牙龈疾患的麻烦降低到最小。(3)确定是什么在阻碍他们做这件事。比如,革新后的血糖监测试纸上设置了一块波状的反应区域,用来放置血样,这样糖尿病患者就能更加容易地对自己的血液进行检测。

本部分的最后一篇文章"六条令人惊奇的创新洞见"是由商业作家洛伦·加里(Loren Gary)所写的。这篇文章对另一些误导的假设提出挑战,比如创新力是令人瞩目的行业的专利而且创新只对产品有用等想法。加里以美国内陆纸板包装公司(Inland Paperboard and Packaging)为例,表明这家公司大幅度调整经营模式,并且获得了巨大成功,展示出了真正的创新精神。它发现,通过"小处着眼"——开创出受市场驱动的,像独立的个体一样在该行业中自主经营的区域——可以提高利润,为不同的顾客群服务。为了让新的商业模式获得成功,该公司组织对销售队伍和赔偿、生产系统进行了重构。尽管风险重重,举措激进,付出的努力还是获得了巨大的利润。最终,这一革新让公司完成了9亿美元的并购,使之一举成为该行业的领军企业之一。

实施创新策略

　　决定在何处以何种方式形成新的想法是创新的关键一步。本部分中的文章提供了许多策略,用于催化和利用新的想法。

　　在"研发的新规则"一文中,哈斯商学院(Hass School of Business)的亨利·切斯布罗格(Henry Chesbrough)教授主张放眼公司之外,关注其他企业,以便利用那些可能会在企业内部引发创新的想法。例如,有些汽车制造商已经与供应商和研究机构协作,以掌握新的汽车传动装置和燃料电池技术以及计算机模拟方面的进展。了解这些技术不但可让汽车制造商减少制造新产品所需的时间,还可减少对无数汽车部件更多的组合进行实验所需的时间。其他企业此时则投资刚启动的公司以解决发展过程中的低效问题。尽管由自身产生想法十分重要,但从外部去寻找其他的创意也是有价值的。

　　正如斯科特·安东尼顾问和哈佛商学院的克莱顿·克里斯滕森教授在"性能、便捷与价格:你的品牌优势在哪里?"中所解释的,放眼公司之外以激发创意也会涉及对竞争对手的行为进行评估。该文的作者们建议要确定一下竞争公司是否"过火"——产品的性能是否比顾客能用到的要多。如何辨别一个对手是否过火呢？它的顾客越来越不愿为他们曾经珍视的产品改良增加付费，并且产品额外的特色功能也没有得到使用。顾客们可能也已经开始抱怨产品太复杂、太昂贵。如果对手公司过火了，有几种方法你可以利用这种情况。其中包括，提高自身产品的性能和可信度，更便捷地为顾客提供产品，或者开出比对手公司更低廉的价格，出售"很不错"的产品。

洛伦·加里的文章"竞争优势在哪里？"引用了克莱顿·克里斯滕森提出的另一些关于到公司外去寻找创新资源的观点。想想大构想集团（Big Idea Group），一家只生产儿童玩具的公司吧。该公司每隔一段时间就会在全国各地举行"好点子搜寻"活动，请各行各业的发明家把他们的点子送到行业专家组去。公司的首席执行官会给送来的每一个点子提出建设性的反馈意见。

以相对较低的成本，搜寻活动赢得了一群忠实的追随者，结果，公司发展的重要行业关系越来越多，仅一个月公司就产生了几百个有趣的理念。与此举相反的是，许多大玩具制造商甚至看都不看一眼就把企业外部发明者送来的产品扔掉了。因为返修率的缘故，最小的返修也需要预期投资，这些大制造商缺少时间和资源用在没多少机会广为流传的小主意上。

许多公司不但从内部还从外部来激发创新。但正如商业作家朱迪思·罗斯(Judith Ross)在"内部创新"中解释的那样,释放企业组织内部的创意能力,你需要形成正确的企业文化和内部流程。一种办法是"像瀑布一样把创新的共同责任分散到企业组织中去"。惠尔普公司(Whirlpool)通过描绘出新的愿景来实现这个目标。"创新从每个人开始,从每一处开始",首席执行官让这一观点变得清晰可见。另外一个策略则要求迅速以现有的产品或理念为基础,比如,以季节为基础,评估和更新生产线;把时代元素加入到设计周期中去,以便让设计者追求他们灵机一动产生的新理念。有见识的公司也在全公司形成一种意愿,即在实验新想法的时候,要从中吸取成功和失败两方面的经验,例如,宽容好心犯下的错误,奖励带来有价值的教训的失败。

商业作家哈尔·普洛特金(Hal Plotkin)在"风险是创新的代价吗?"一文中提出了另一个构建包容风险的文化的建议。根据普洛特金的观点,"你需要员工具有创造思维,但又不想纵容愚蠢的错误和错误的商业决定。"那么划清界限的最好办法是什么呢?"设定一个表述清楚的、对错误作出预测的方针和一项对成功的员工进行大张旗鼓奖励的计划,把两者结合起来。"比如,男性服饰公司(Men's Wearhouse)用激励全公司的计划来维护它包容错误的经营方式,该计划激励员工去试验以前从未尝试过的想法。有些公司也在指导员工把一个大的、具有财务风险的想法分解成几个阶段实施,这些阶段可以以搭积木的形式,一步一步完成,从而检测员工的设想的可行性。其中的关键是什么?是讲清楚,你希望员工像用自己的钱那样谨慎地对待公司的资金,让他们知道适当的风险和错误对他们的事业发展并不是致命的。

本部分的最后一篇文章,洛伦·加里(Loren Gary)所写的"左右开弓的创新"检验了一种激发公司内部创意尤其有效的策略。这个策略包括把产品和服务上渐进的进步和较大的变化结合起来。要应用这个策略,你需要掌握三种不同的"创新流":(1)渐进的创新——这些变化让你的公司能在短期内通过提高效率变得更具竞争力。(2)建构上的创新——对现有的技术进行重置,以求在流程方面有所改善。(3)间断的创新——新的经营原则或流程变革,它们确保你公司的长期成功。

例如,视康公司(Ciba Vision)对渐进的创新进行投资,不断改进它目前的产品和流程。之后,它利用这些改进产生的利润资助组建数个自主的团队。一个团队开发全新产品——比如白天和晚上都不用摘下来的隐形眼镜。另一个团队致力于新的连续生产流程,以大幅度减少生产即弃型眼镜所需的成本。

检验一个想法的潜能

　　一旦你有了似乎大有可为的想法,就需要确定其中哪些最有可能在市场上获得成功(如果它们是产品或服务创新的话),或者其中哪些最有可能产生你的公司所要的效率(如果它们是流程创新的话)。本章中的文章为此提供了有用的指导。

　　在"你能确定稳操胜券者吗?"一文中,埃里克·曼金顾问描述了几条简单的准则,它们能帮助你预测正要开发的新产品或服务是否能够获得成功。要想成功,新的产品或服务必须满足四条标准:(1)它比现有的产品要便宜。(2)它能带来更多的效益。(3)消费者使用起来很方便。(4)它唾手可得,很容易就能买到。宝洁公司(Procter & Gamble)运用这些准则来确定它们的电动牙刷 SpinBrush 是否具有高潜能。它售价5美元,而竞争对手同样的产品则卖50美元。因为它使用的是一次性电池,所以它的好处是便于携带。简单的设计让它使用起来很方便。并且,宝洁公司强大的销售能力让人们很容易就能买到它。一个产品要是像电动牙刷 SpinBrush 一样能够达到这四条标准,它就很有机会成为赢家。

　　在"如何下大注"中,斯科特·安东尼、马克·约翰逊(Mark Johnson)和马特·艾林(Matt Eyring)顾问提出了另一套评估新想法潜能的模式。他们辩解说,有希望成为赢家的产品更便宜、更便捷,提供满意的服务,能吸引那些"享受过度服务"的顾客(这些顾客消费某种产品或服务,但不需要它的所有特色功能和服务)。高潜能的产品还能吸引那些"还未成为顾客的顾客"——他们要么没有足够的财富参与市场,要么只能用不太好的产品或不方便的服务。

评判成功的想法的另一个标准是,对手公司忽视了某些市场,或者想要退出某些市场以寻求具备更高利润率的高档市场,而这个想法在这样的市场上颇具吸引力。那么,如何辨识竞争对手呢?调查对手公司的损益表、资产负债表、投资决策史和客户行为。在此基础上,确定你的公司能开发哪些新产品,并确定这些产品并不会引发对手的反应。

如果你的公司正处在快速生产新产品的压力之下,而与此同时测试新想法的预算又十分有限,那么此刻你可能要读一读商业记者克莱尔·马滕斯(Clare Martens)的文章"有时候想法高远不等于产品成功"。这篇文章为你从想法测试过程中提取最大价值提供了八条小建议。比如,在想法开发周期里,不要太早进行测试,但也不要太晚。否则,你可能会得出非常具有误导性的结论。只在消费者能够对这些想法进行有意义的实验的发展阶段进行测试,例如,请消费者对产品草图或雏形作出反馈。另一条建议是,寻找毫不知情的用户做你的测试者。对于未来产品或服务完全不了解的人更善于指出该如何使用设备或服务。因此,对于新产品该如何运作,他们能给你更有意义的反馈。

对想法进行反复测试才最有效,埃里克·曼金在"你的产品开发流程是否有助于创新?"中指出这点。在想法形成阶段,通过许多测试和实验,你一次又一次地获得了有关未来产品的反馈,你可以用这些反馈来完善想法,这样它就能最大机会地获得成功。

举例来说,一家名为丹杰(Danger)的电子产品公司就利用上述流程开发出获得巨大成功的掌上电脑手机二代hiptop2。这是一种高级手机。刚开始的时候它是一种小巧、便宜的个人数字助理,能够挂在钥匙链上,通过一个小小的端口就能连接到电脑上。公司把这一版本拿给投资商看,投资商要求设计者把它变为无线型的。等到产品变成无线的,投资商又建议给它设置互动连接方式。这个产品最终集所有的通信功能于一身,定价300美元,号称拥有彩屏和照相机,可作为电话、浏览器、电子邮件发送器、个人管理器和即时短信传讯器来使用。

在"变革不是固定的目标"中,斯科特·安东尼集中研究一种观念,那就是,如果一个新想法不会引起对手公司的攻击(以竞争型产品或较低价格的形式),这个想法就具有较大的潜能。确定这类潜在创意的关键是确定对手不想或者不能回应将要进行的创新。

比如,有些创新把对手公司获利最少的顾客吸引了过来,相对而言,它们更不会引发对手反击。提供这样的产品或服务,你就把对手公司逼到一种境地:它们要么得投资捍卫获利最少的业务,要么得投资提供更好的产品或服务从而向高端市场有需求的顾客开出更高的价格。而通常的做法则是放弃低端业务。

本部分的最后一篇文章——克莱顿·克里斯滕森和斯科特·安东尼所写的"你看到正确的信号了吗?"——为如何测试新想法的潜能提供了一个案例分析。两位作者对电信行业中浮现出的三种新想法进行了描述:(1)免费的网络电话技术服务,(2)高速的"固网无线"宽带解决方案,(3)使用即时短信来做电话会议和视频会议。然后他们对这些想法的潜能进行了评估。

例如,新近成立的斯盖普公司(Skype)正在考虑开发免费网络电话服务,如果它计划通过出售服务(如语音邮件)和广告来挣钱,为了与之竞争,该市场的现有企业将不得不放弃自己的核心产品。因此,它们不可能对开发这个想法作出反应。而另一方面,斯盖普公司已经吸引了高层风险投资家的投资,这些投资人也许会坚持要求快速增长。这个压力有可能迫使斯盖普公司以大型的、现有的市场为目标,而不去尝试开创新的市场——这样可能会限制新想法的潜能。

＊　　　　＊　　　　＊

　　显然，利用创新为公司助燃带来有价值的成果时，你需要考虑许多东西。当你阅读本书中的文章时，请仔细思量下面的问题：

➢ 你可能会陷入哪种创新误区？陷入这些误区，对你的管理部门或团队创新有什么影响？在"创新的误区"这一部分中，哪种可供选择的思路和实践最有助于你改善对创新的管理？

➢ 你从何处寻找有前途的新想法？你只着眼于公司内部吗？从竞争公司的行动中找吗？从独立自主的企业家和为自己的创意寻找归宿的发明家那里找吗？你如何才能扩大你的搜索范围以确保最佳的结果呢？

➢ 为了确保公司员工在开发和实验新想法的时候有安全感，你会怎么做呢？你会制造哪些新的流程、系统和文化变更来鼓励员工承担风险，而同时又能避免代价过高的错误呢？

➢ 你的团队、部门或者公司是如何测试新想法的潜能的？要使用哪些标准才能在一系列的想法中找出最有可能成功的想法？在开发一个有前途的想法时，你和其他经理人从哪些人那里收集反馈意见？你什么时候收集反馈意见？对测试想法的方法做怎样的改变可能会有助于增加你找到可成功想法的几率？

第一部分 创新的误区

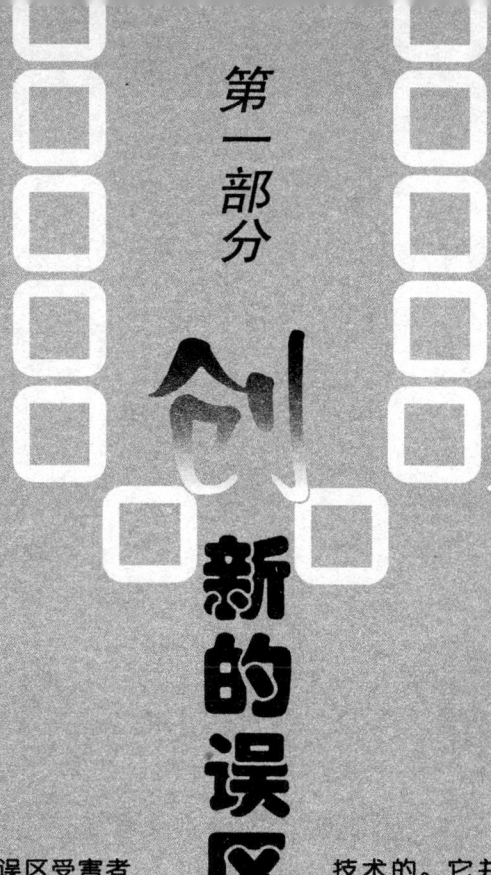

避免成为创新误区受害者的最佳办法就是了解这些误区。接下来的文章展示了较为普遍的误区,描述了与之相关的代价,并提供了更加有效的思路。

在这些文章中,你将发现大量有关创新的令人惊奇的事实。例如,创新并不都是关于技术的。它并不一定耗资巨大。而且它是可以学会的。此外,突破型的创新常常是从小动静而不是从大轰动开始的。创新可以发生在一切行业中,而不仅限于受人瞩目的行业。它不仅仅与产品有关:组织流程、服务和商业模式也可以创新。

1. 突破之路

斯科特·D. 安东尼

克莱顿·M. 克里斯滕森

1. 突破之路

斯科特·D.安东尼
克莱顿·M.克里斯滕森

创新的误区

人皆知,创新对于一个企业组织的持续健康至关重要。的确,创造出新的产品、服务、流程和利益模式不但促进企业的成长,而且还促进国家和全球经济的增长。

令人惊奇的是,如此重要的原则却被人误解得那么深。一些声音,比如"创新是随机的"、"创新是固有的,学不会的"、"如果花的钱更多些,我们就能有更多的创新"等,常常在公司的走廊里回荡。

这些以及其他诸如此类的说法不但是错误的,而且不利于公司发挥能力迎接一些与创新相关的、合情合理但并非无法战胜的挑战。既然实现复苏的第一步是认识误区,我们在文章的开始就凸显并驳斥了一些最普遍的误区,是这些误区阻挡了公司追求重大创新的道路。

误区 1：创新都是关于技术的。

是什么让戴尔(Dell)和沃尔玛(Wal-Mart)成为了成功企业？它们当然要使用技术,但它们竞争的核心优势在于经营模式,即它们用来组织创造和攫取价值的方式。最近宝洁公司为什么会获得如此大的成功？当然,这家公司雇用了了不起的技术专家,但它对顾客需要有深层次的了解,并有据此实践调查得出结论的能力,这两点帮它为那些技术专家指明了正确的方向。

毫无疑问,技术很重要,但很多时候它只是锦上添花。创新也与经营的新方式、赚钱的新方法和了解顾客所需的新办法有关。

误区 2：更多的资源等于更多的创新。

经理人常常认为,分配更多的资源用于开发和介绍产品会解决创新的所有问题。然而,把过多的钱投入到创新中实际上却会阻碍成功。团队常常会滥用多余的资金,在一事无成的道路上漫游,不会停下来或者投入应有的努力。问题经常出现在分配和管理资源的方法上,而不在资源本身。

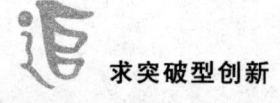

误区 3：只有造成轰动才算成功。

事实上，大部分改变行业的创新都是从小动静开始的。在造成轰动之前，它们也需要时间和动力。那些为了轰动效应——排除掉起初较小的发展前景——而奋力向前的公司，会错过极具吸引力的机会，因为这些机会最初看来太微不足道而无关紧要。

误区 4：创新——以及创新产生的增长——只是随机的，不可预测。

不可否认的是，偶然现象可以成为成功的关键因素，但创新要比大部分人所认为的更有可预测性。成功的模式是存在的，如果人们正确理解并按照这些模式行事，它们就能极大地增加公司一次又一次获得成功的机会。只是这些模式很难理解或者很难得到很好的理解，但这并不意味着它们不存在。别忘了，30年前许多人都认为在生产过程中实现品质的全面提升是偶然的。但"品质运动"却表明并非如此。

误区 5：你无法教会人们如何更具创新精神。

这个误区建立在另一个错误的想法之上，即创新需要有创造力的天才来打头阵，也就是那些正好是这块料的人。事实上,因为创新有明显的模式,任何人(每一个人)都能学会辨别和正确地按模式行事的具体方法。毫无疑问,这是一个挑战,但却是一个非常值得承担的挑战。

突破式创新的关键原则

揭露创新的误区需要确定模式,用它们来区分高潜能创新策略和低潜能方法。克莱顿·M.克里斯滕森和迈克尔·E.雷纳(Michael E. Raynor)所写的《创新者的求解:创造和维持成功的增长》(*The Innovator's Solution: Creating and Sustaining Successful Growth*)暗示说,建立新增长业务的高潜能途径正在开创一种突破式创新,这种创新要么给现有市场中"享受过度服务"的低端消费者带来简单、便宜、方便的产品,要么把同样的解决方式应用在没有服务到的非顾客身上,这类顾客缺少自我完成某件重要事情的技术、财力或能力。

突破型创新已经影响了,并且将要继续影响许多不同的市场。以汽车市场为例。20世纪60年代,丰田(Toyota)公司凭借廉价的花冠(Corona)汽车进入低端市场,创造了突破型增长。在接下来的三十年里,该公司逐渐向高档市场推进。如今,它在世界上已经享有生产某些最佳性能的汽车的好名声。韩国汽车制造商如现代和起亚最近已经在现有的低端市场展开了竞争。

小型汽车制造商在发展经济中初露头角。例如，印度的塔塔汽车公司（India's Tata Motors）是孟买汽车行业的臂膀，印度塔塔联合集团（India-based Tata Group conglomerate）以提供业务流程外包而闻名。该公司计划在2008年推出一款售价为2 200美元的小型汽车。塔塔希望这款汽车可以在未享受过其服务的广大印度顾客中开辟一个新的市场。如果这个战略实施成功，它将建立起一个平台，将塔塔的突破型扩张慢慢发展到其他更高档次的市场。

突破型发展正在改变数个行业。比如：

➤ 在医疗业，各家公司正在推出快速、方便的诊断和处方服务，由在零售商店设点的专业护士来诊断和开处方。总部位于美国明尼苏达州的一分钟连锁诊所（MinuteClinic）就是这种新兴模式的典型之例。它的蹲点专业护士为12种以上最为常见的疾病，如脓毒性咽喉炎和耳道感染等提供快捷有效的治疗。

➤ 在电信业，现在有一种互联网语音电话（VoIP）技术向企业提供便宜的、用户可自定义的网络电话服务。Vonage公司就是该服务的独立的领军供应商，但该市场的现有企业 Verizon 公司目前也正在尝试推出类似的产品。

> 在航空业，数家公司正在竞相制造低成本的飞机，这种飞机将促成充满活力的短程空中的士行业的诞生。始作俑者如日蚀航空公司（Eclipse Aviation）和亚当飞机制造公司（Adam Aircraft），喷气式飞机制造公司，如赛斯纳（Cessna），还有汽车制造商，如本田（Honda）等都瞄准了这个领域。

> 在教育业，职业培训和在线成人教育培训目前在更为方便的环境中提供了与学习者紧密相连、价格低廉的学习机会。通用电气公司在纽约的克罗顿维尔培训中心（General Electric Crotonville, N. Y., training center）和凤凰城大学（University of Phoenix）都是体现这种趋势显而易见的例子，它们为在职的人提供课堂和网络课程。

> 在竞争激烈的软件业，无以计数的公司都在倚靠 Linux 操作系统设计灵活的、非专利的并且造价低廉的软件产品。比如，已经开发出大众化的开源数据库软件产品的 MySQL 数据库服务器，该产品已经拥有超过一千万的用户。

> 在电子产品消费业，手机和家庭游戏系统正在继续对其他设备发起进攻。手机上的照相机早已飞快地变得十分精巧，它们已经影响到了独立的数码相机的销售。家庭游戏机系统，如索尼（Sony）的Play-Station2游戏机和微软（Microsoft）的Xbox又增加了一些特色，把计算工作从办公室搬到了家里。

上文详述的突破型方法有两个核心的益处。它们在被忽视的顾客和享受过度服务的顾客中间划出了一条线，这种做法对市场在业公司的流程和赢利模式并不适合。因为与所谓的"可持续型"的理念相比，突破型的理念所面临的来自在业公司的竞争要少得多，所以它们更有可能在市场上获得成功。

释放突破型创新所需的新的心态

尽管公司内有最美好的意愿，但现存的信念——以上述创新误区为代表——是实现突破型增长的主要障碍。这里有四种新的心态，公司需要调整这些心态来增加获得突破型增长的几率。

心态1：在适当的时刻设定适当的尺度。

项目组需要把精力集中在测量新企业早期蕴涵的

不确定因素的尺度上。但它们通常在毫无意义的统计,如项目早期净现值和投资资金回报率的统计上投入了太多的精力。这些数据对于项目评估可能十分重要,但也只是在对方法和市场有更大把握之后才这样。

如果团队很大程度上仍然在假设、直觉和猜想的基础上运作,那么它应该着手于评估某个机会到底有多适合固定的模式,而不是依赖那些连自己都没信心的数据。

心态2:欣然接受不确定因素。

几乎所有真正的新增长方案在一开始都有很大程度的不确定性。项目组通常毫不留情地对模棱两可的机会统统宣布死刑。结果,它们会像受到重力的牵引一样选择风险小、回报少的机会。经理人应该鼓励团队接受不确定因素并且立即进行实验排除它。

人们容易把成功的企业家想成经得起风险的人。而事实上,许多优秀的企业家都试图将风险尽可能地降低到最小,他们寻求伙伴,想办法系统地去除机会当中的风险因素。

心态3:失败可以是件好事。

害怕失败,企业就很难开辟出一条前人没有走过

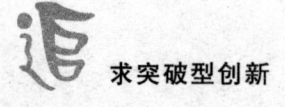

的路。大部分经理人认为,"如果失败了,我就会被打上'F'(失败者)的鲜红标记,这样我在企业组织中继续前行的能力就会受到限制。"

然而,并不是所有的失败都会带来同样的结果。如果经理人明显干了一件蠢事,并且不断地重复这个错误,那么公司肯定会作出适当的反应。但企业组织应该允许犯适当的错误,这种错误可以令人吃一堑长一智。比如,一个团队在很快发现策略行不通后建议把项目封存起来,这时它就为公司做了一件大事。它的做法有助于确保公司更合理地分配稀少的资源。

心态 4:资源短缺可以是个优势。

许多公司恨不得让最有可为的机会浸泡在丰厚的资金里。然而,正如前文所述,一个团队过多的资源实际上会成为失败之源。

经理人不应该忘记,资源短缺是企业家的优势。企业家不得不就障碍想出有创意的办法,因为他们没有其他的选择。过多的资金会让许多团队在致命的错误方向上耗费过多的时间和精力。总之,最好的新增长机会应该经受资源短缺之苦。公司应该给项目组正好够进行最初设想测试的资金,除此以外不能再多。

总结：*新的心态需要新流程。*

形成这些新的心态从来就不是件容易的事情。在大部分公司里，拙劣的心态影响了分配和管理资源的流程，阻碍了拥有最美好意愿的经理人。因此，我们常常建议公司开创出独立的流程，用于形成和培养突破型创新。

留出更多的空间，企业就可以给包含了正确原则和心态的流程找到合适的位置。在不断成功之时，新的流程便能催生更大的组织变化。

2. 推倒禁锢集体创造力的围墙

加里·哈梅尔　亚力杭德罗·赛亚哥

2. 推倒禁锢集体创造力的围墙

加里·哈梅尔 亚力杭德罗·赛亚哥

　　里·哈梅尔（Gary Hamel）是伦敦商学院战略和跨国管理学的访问教授，也是伍德赛德研究所（Woodside Institute）的所长。其研究所致力于提高企业组织的弹性，推动其创新和复兴。他在哈佛商学院出版社最近的一次会议上谈及阻碍商业组织内部创新的误区。亚力杭德罗·赛亚哥（Alejandro Sayago）是墨西哥水泥界巨头企业——墨西哥CEMEX水泥公司的创新流程主任。为确保创新是公司DNA不可分割的一个部分，并将之置于每个员工意识的最前列，他所在的企业组织付出了努力，并取得了高度成功。在这次会议上，他对此番努力进行了描述。

加里·哈梅尔的八个创新误区

误区1：大创意从一开始就很大。

真正的大创意都不会在最开始就是宏大的想法。需要用许多疯狂、古怪的小想法来找到一些值得实验的最初的主张，而这些主张可以让你找到一些真正值得投资的事情，最终可能有一个或者两个获得成功。

对于许多企业组织来说，挑战之一就是它们不会用这种办法找到战略。它们没有想到，战略就是一个数字游戏，在这个游戏中能否产生打破规则的想法完全取决于公司在刚开始创新时产生大胆创意的数量。实际上，大部分公司宁愿相信，把一些非常聪明的人关在一个房子里好几天，让他们绞尽脑汁地思考，它们就可以省略实验、避开半失败的项目。

这只是阻碍公司创新潜能的一个误区。据我预测，另外还有七个误区容易使公司的创新陷入错误中。

误区2：创新绝大部分都是关于产品的。

这是一种非常狭隘的想法。商业模式上每一个方面都有创新的潜能。创新与定价有关,与你的纵向融合程度有关,与你如何经营客户关系有关。仅对起步者而言就有如此多的方面。

误区 3:创新与顶线增长有关。

通常人们会集中精力创造能推动顶线增长的新产品和服务。但成本结构上的大创新也同样重要。戴尔(Dell)、捷蓝航空公司(JetBlue)和电子交易金融公司(eTrade)是为数不多的、成功地对传统的成本结构进行大规模重新思考的公司。紧缩增量成本无法替代创新,在其传统行业成本结构上创新往往消耗不菲。

误区 4:创新教不会。

但事实上,创新可以学会。教会人们如何对窒息创新的行业陈规提出挑战,教会人们如何揭示出用言语无法表达的沮丧,揭示出能够启发新的创新机会的顾客需求,教会人们如何把握机会,利用尚未被竞争对手开发出来的环境趋势和不连续性,这些都是完全可能的。比如惠尔普就已经把数千名员工培训成了商业创新者。其实,每个领薪水的员工都要求接受创新思维概念的基本教育。墨西哥 CEMEX 水泥公司就设置了不同的流程用于培养创新。

误区 5：创新不关我的事。

在这个世界上，点滴积累的改善所得的回报与全面创新所得的回报越来越不相关，因此突破性地思考问题是每个人的责任。创新不能只锁定在研发和新产品的开发上，而必须成为一项触及面很广的能力。目标很简单：激发和铸造每一个员工的想象力。

误区 6：创新是冒险的。

这是另一个典型的误解：只要创新在控制大局，它就是二等公民。当然，一些创新是有风险的，如通用汽车公司（GM）在氢动力汽车上下注。但是，很多时候，创新都是谨慎的。以星巴克的借记卡为例，它就是一种真正的创新：在此之前，快餐业中没有谁能说服顾客预付他们早餐的拿铁咖啡和松饼的费用。然而，这项创新却几乎没有什么高风险。借记卡技术就是很好的证明，这个理念在推向全国之前可以先在少数店铺进行测试。风险是遍布不定因素的投资的一方面。当然，诀窍在于，创新的时候无需使用风险投资下大注的方法。

误区 7：创新耗资巨大。

并不一定。你得找到低成本的实验方法。弄明白如何才能用更少的投资获得更大的创新。我们知道，竞争成功和研发费用之间几乎没有关联——费用你可以用投入到研发中纯粹的金钱来计算，也可以把研发当做销售的一份来计算，还可以按成功的途径来衡量。

而问题是，我在公司里总共开发出来的想象力占多少比例？有多少员工会在第二天醒来的时候说，"我懂了，我有责任进行商业创新"？

误区 8：创新是个例外。

正如40年前的品质运动，创新在许多企业组织中都不是常规的现象。但是，和品质一样，创新也可以成为一种系统化的能力，而不是用来保护某一特定功能。能力的形成要求关注培训、工具、衡量法、决策流程、激励机制和组织价值。只有一切都支持连续不断、打破常规的创新时，创新才能成为一种生活方式，而不是一种偶尔、例外的行为。

墨西哥 CEMEX 水泥公司是如何创新的

来自委员会的创新

　　大约 4 年前，我们意识到需要在公司实力已经很强大的市场开发新的增长模式。虽然我们在一些主要市场——如墨西哥市场上已经拥有了重大的市场份额，但我们知道这些数字不会再增加多少。我们也知道，竞争者增加水泥产量，正在发起更猛烈的攻击，更加野心勃勃地想要挑战我们的领导地位。

　　如果还想促进生产，我们就得主动控制局势。因此我们开始了创新之旅。我们开发出一种内部流程模式，它有助于在全公司培养创新。它把创新理念深深植入企业组织，所以新的项目不一定是天赐佳运的结果，而是来自一条连绵不断的、人工铺设的管道。

　　我们的模式的关键因素是创新委员会。通过这个委员会，我们确定了行动计划——我们创新的目标是什么。

　　我们经营的是水泥和混凝土业务，所以基本上属于建筑行业。我们并不想离核心业务太远。因此，设立一项议事日程用来确定我们想要努力的方向，这是

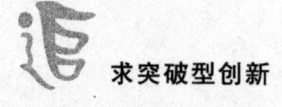

十分重要的。通过创新委员会我们做到了这点。委员会由 9 位高层人士组成：4 个副董事长、4 个主任和 1 个十分了解公司的外聘顾问。这些委员们，代表了 CEMEX 绝大部分的部门，采取轮换制，每隔 12 到 18 个月换一届。

当然，只有行动计划还是不够的。我们还得言行一致。因此，我们设计了提交新的商业创意的流程。流程有两种：第一种我们称之为"创新平台"，第二种我们叫"点子银行"。

创新平台

基本上，创新平台指的是我们的创新主题。比如，有一个主题是"一体化的建造解决方案"。在这个主题下，任何能让建造工程变得更快、更便宜或更多产的事情都能引起我们的兴趣。我们寻找与特定想法相关、可以发展的商机。近期提出来的另一个主题是"地区经济发展"。我们要做些什么才能促进地区和经济的发展，而这种发展又能成为我们的商业资源呢？我们同时经营多个平台，具体集中在建造工程解决方案、产品递送、后勤以及相关的服务、水泥和混凝土的新用途开发等方面。

每个平台的发展都要经历以下阶段：

寻找机会。首先我们要寻找合乎主题的机会。那么，如果我们讨论的是地区发展，我们就会问："我们能够利用哪种地区和经济发展的机会？"

探究。在了解地区、国家或全球经济状况的基础上，我们对不同的事物进行探究。我们会关注如人口统计数据走向是怎样的、我们可以获得并驾驭哪些新技术等事情。重点在于瞄准两三个好的、可靠的机会——这种机会值得探究，能够改变行业，如果我们能对它加以利用的话，它可能会改变我们工作的动力，给我们带来竞争优势。

构思。随后我们进入了所说的构思阶段。大部分的创造性工作就是在这里进行的。如果我们现在有这么一个机会，我们要怎么利用它呢？我们为之可以做些什么呢？构思背后并没有秘诀，但有许多我们可以用来充实一个想法的工具。比如，我们过去用过的一种方法就是"乒乓球"锦标赛。

这就是说，我们把机会放到32名来自公司上下各部门的组员面前，抽取其中两人参加首轮竞赛。比如，埃里克（Eric）将和维克（Vic）在一周内进行一轮"乒乓球比赛"。两人将努力想出办法利用我们给定的机会。埃里克"发球"，把他的第一个创意发给维克，维克要在24小时内作出回应，要么充实细节，要么进一步发展这个创意。维克和埃里克不断地把创意发过来、挡回去，以一周为限，如此进行两三个回合的较量。这一切都将通过一个网络系统记录下来。

一周结束后，专家组将对埃里克和维克的创意作出评判，确定谁赢了这场比赛。如果维克是赢家，他将继续和另外一名组员进行下一轮比赛。（竞赛实行匿名制，所以谁胜谁败都不会伤感情。）游戏结束时——这场游戏可以持续大约五周的时间——你不但会拥有一组有着极好的具主人翁意识、思考着商机的组员，而且还会得到一堆新的好主意。当人们在游戏中竞争，而且确实参与进来，他们真的会想出一些相当有趣的建议。

过滤。一旦有了五六个可靠的想法，装满了一文件夹，我们就进入到下一个阶段，过滤这些想法，确定哪些可以真正成为可行的商业理念。在这个阶段，通常都会让富有洞察力的同行参与进来，他们拥有能将想法转变为真正的商业理念的知识、经验和想象力。他们来自企业组织内部和外部，通常是这个行业的专家。在这个阶段，我们确定产品和解决方案，回答一些问题，如：目标市场是什么？目标市场的现状如何？它在增长吗？它在扩张吗？我们通过产品或服务可以提供什么好处，这些好处是功能上的、经济上的还是心理上的？我们试着确定会让设想实现的关键的成功因素是什么。

开发。一旦我们把一个想法转变成了商业理念，我们就会把它带回创新委员会，确定这个理念是否够劲儿进入下个阶段。这可能就像把一名飞行员送上天开始飞行，制定一项商业计划或者是赞助一门更加严肃的研究，使之具有商业上的可行性。最后，等到找到看上去非常具有潜能的事情后，我们就展开这个理念。

在这个过程里出现了一些非常有趣的情况。我们所说的加速建造就是个很好的例子。在墨西哥和许多发展中国家，住房是一个大问题，给中低收入的家庭提供住房十分重要。现在，政府有一项大的计划试图促进此类住房建设。事实上，大部分的私人和政府基金正在流向这个特定的市场。所以我们开始考虑如何利用这个机会，把这个机会变成一种业务。我们与顾客交谈过。我们做了很多事情来寻找这个特定市场里存在的机会。

有个顾客对我们讲了一些相当有洞见的东西。他说："我最关心的就是劳动力。因为指定的地区缺少有技术的劳动力，我们不得不从国家的其他地方把有经验的劳动力空运过来帮助我们建设住房工程。"通过内部创新流程，我们想到了这一点，有人说："我们为什么不使用金属模型，那种用来制造大仓库的模型呢？"我们只需把纯水泥注入到模型当中。只要几个小时，房屋所有的部件都会被装配在一起。我们可以用这种办法来给小家庭造房子,因为这种家庭需要这种方案。

等到水泥凝固后,我们就把模型取出来,然后你就有了一个近乎完整的房子了。大概两年多以前,我们就这个想法做了试验,推出了这项业务。去年全年,这个想法为公司产生了近 3 000 万美元的经济利益。它给了顾客一个了不起的解决方案,因为它让建造者把建造周期从以前的 24 天减少到 3 天。另外,房主得到了一个高质量的房子。像墙壁歪歪扭扭之类的问题减少了。并且这种方法每平方英尺建筑面积上所用的水泥要比传统的方法多。所以,这是一个三赢的局面。

点子银行

我们的第二个流程多少有点不同。我们称之为点子银行。这是另一个以网络为基础的系统,在这个系统中企业组织中的任何一个人,绝对是任何一个人都能提交想法。但必须是商业想法,当你提交想法的时候必须解释收益是什么、成本是多少、有什么意义、成功的关键因素是什么以及公司该如何实现这个想法。所以,在提出创意之前,提交人必须充分思考这个想法。

我们建立了一个文件夹,用来装接收到的想法,并按照不同的业务部门分类。在每个分类的文件夹里,所有的想法被分归四类。每个想法的标记被设计成星星、球、苹果，或是骨头。

如果这个想法潜能巨大，也较为容易实施，它就是星星。这种想法是你想立即开始付诸行动的想法。

如果这个想法是可能有巨大的商业潜能，但我们还没有真正确定现在该如何实施的，我们就把它称为球，因为在找到从中获益的办法之前我们还得掂量掂量。

如果这个想法的价值比较低，但实施起来容易，我们就把它称为苹果。我们会把这个苹果交给组织中合适的人选，他或她能决定是吃了它还是扔了它。

最后，对于被定位为骨头的想法，我们会想尽一切办法充实细节，即使我们找不到任何办法，也会保留它们。

仅去年一年，我们已经从整个企业组织获得了1 800个提交的想法。在这1 800个提交的想法中，大约有210个被认为是有价值的。当然，你也会得到一大堆真正需要不断改进的想法，那也很好。

这两个平台通常有10到12名工作人员，他们一般只会在此花费20%的时间——每周一天。他们来自组织的不同部门，这意味着我们可以从全公司获得投入。这样，这项目就能更快地找到归属，而不是只有一个孤立的孵化器，自己做自己的事情。

3. 翻译之失

安东尼·W. 乌尔维克

3. 翻译之失
安东尼·W.乌尔维克

许多公司把年度预算的很大一部分分配给了顾客调查,并将顾客调查作为改善产品和服务的主要途径,它们对此十分自豪。然而,这种传统的顾客驱动程式十分含糊,经常导致失败。

没有人要故意误导。从公司的角度讲,一般说来它们似乎不知道该提什么样的问题才正确,通常它们也不知道该如何处理搜集来的信息。顾客呢,虽然很愿意说出自己的要求,但他们却不知道公司真正需要什么样的信息。

最终,不懂需要录入什么样的信息的公司,接受了顾客不精准的表述,然后让营销和开发部门对此进行"翻译",把它们变得更加有用。但是对于录入信息所作出的解释只给反馈流程带来了更多的可变性。

正确的顾客反馈形式确保了所有参与者在反馈过程中说的是同样的语言。懂得如何得到反馈、如何应用反馈,有助于促进你在新市场和老市场成功地成长。

反馈的基本原理

我们找到了三种不同的录入方式,它们对于创新流程和创新的成功实施至关重要。要创造突破型的产品或服务,或者要成功地进入一个新市场,公司必须知道:

1. 顾客想做什么。
2. 顾客在不同的环境做这些事情时,想要得到的结果是什么。
3. 使用新产品或服务的局限是什么。

1. 要做的事情:实现增长的关键性投入。

顾客,不论是个人还是公司,在需要获得帮助来完成某件事情时都会购买产品和服务。比如,要清除牙缝里残留的食物时,人们可能会购买牙刷和牙膏或牙线。了解顾客想通过产品或服务来做什么,对于产品的成功十分重要。然而,顾客除了做最关心的事情之外还想了解一些支持性、辅助性或者相关的事情,这些事情获得的增长的可能性却要隐蔽得多。

解决这些额外的事情,结果经常会创造出突破性产品或服务。例如,饮料厂家已经开始生产出既解渴又能给饮用者提供维生素、营养和草药的产品,这些东西在特定的环境下可以改善身体机能。索贝饮料(SoBe)、红牛能量饮料公司(Red Bull)和Glaceau维生素水公司都触及了顾客在解渴的同时想要实现的相关的功能性目标。这样的产品现在在饮料销售上已经占有了相当大的百分比。

顾客常常想让产品或服务在同一时间做多件事情。然而公司却喜欢只用产品做一件事,因为很多情况下,处理这些辅助性的事情必须要形成新的或不同的竞争能力,跨越企业组织的界限。虽然形成新的能力可能确实需要新的技巧和投资,但实现顾客在特定环境下想用产品或服务完成的所有目标肯定会获得巨大的效益。

2. 想要的结果:推动创新的评价标准。

除了想多做几件事情外,顾客还想更有效地做好其中某一件事情。如果能给他们提供相应的途径,企业就能创造价值。这样做的第一步是,从顾客那里获得评价标准或衡量价值的办法,这些标准表明了顾客想要如何把事情做好、圆满地把事情做好意味着什么。我们把这些评价标准称为顾客想要的结果。

比如,在把残留食物从牙缝中清除出去时,顾客可能想要:

> 花最少的准备时间清洁牙齿。
> 花最少的时间把食物从死角中清除出去。
> 尽量做到一次性清除全部食物残渣。
> 把牙龈发炎的可能性减少到最小。
> 把牙齿受到损伤的可能性减少到最小。
> 尽量做到能清洁所有的牙齿。
> 把口腔清洁的频率降低到最小。

还应该注意的是,顾客想要的理想结果,如正确理解,长时间都相对固定,这把它们同其他类型的要求区别开来。比如,20世纪50年代人们清洁牙齿时想要以最快的速度把食物残渣从牙齿死角中清除出去,还想减少牙龈发炎的可能性——这一点正是现代人在做的,也是将来的人会去做的。顾客想要的产品有这种独特的品质,是因为它们是测量某件事情做得好坏与否的基本标准。实际上,只要顾客想要把这件事情做好,它们就是有用的测量标准。因此,了解顾客想要获得什么样的结果为公司选择追寻的观念和技术指明了短期和长期的方向。

顾客想要的结果应该是改进的重点,随着新技术和更好的技术的出现,这些结果确实会有所变化。比如,手柄和牙刷头不在一条直线上的牙刷出现了,它能更快地把食物从死角中清除出去,所以使用者更加满意。它的出现意味着在这个方面创造新价值的机会减少了，于是制造商们不得不确定在新的价值创造出来之前，还有哪些想要的结果是很重要但尚不令人满意的。

获得产品

如何最好地获得顾客的录入信息，在这一点上有许多争议。一些人为个人调查和群体专题讨论带来的好处摇旗呐喊，而其他的人则推崇人种学、人类学或者观察等方面的研究。事实上，成功不依赖于所使用的方法，而在于你在客户需求调查过程中明白想要获得的信息是什么。

美国国际集团(AIG)，美国的一家国际保险公司和金融服务组织，使用了我们提出的"结果驱动式创新"的办法。它有一个部门负责为缴纳高额保险金的企业客户支付保险款。为了改善这个部门的代理服务，美国国际集团选择了一对一走访与小组走访相结合的方式。它花了四周的时间走访了30位金融代理，这些代理都用过 AIG 或它的竞争对手的服务。

走访者和这些代理集中讨论了与建立和管理客户账目工作相关的活动。比如，受访者被要求谈谈他们拿到报价、准备协议、得到批准、管理过期账户、邮寄赔款和恢复政策时分别想要达到什么目标。

为了确定代理想要的结果是什么，走访者指导代理回顾了他们从不同的保险公司那里获得服务后的某一天他们是如何进行上述活动的。比如，代理会被问到："是什么让一个保险公司的服务比另一个更好或更差，为什么会这样？理想的服务有什么样的特点？"通过让代理参加这样的讨论，走访者就可以让代理说出他们用来判断一种服务胜于另一种服务的标准。这些标准就是代理们想要的结果。

走访者不需要把所有的访谈都记下来，然后在数百页花边新闻报道中搜索；相反，他们在访谈过程中直接把需要的信息输入到个人电脑中，并且实时地向受访者确认它们的准确性和完整性。

每次访谈结束时都会得到三四页的记录。这些记录被归类为"想要的结果"、"想做的事情"和"局限"三类。在访谈中，走访者会就任何模糊的地方与受访者讨论，使之变得清楚，这样才能确保事后不会解释或修改这些记录。几轮访谈下来，选编的记录出来了，重复的信息被清除了出去。美国国际集团最终获得了大约75条记录，这些记录反映了顾客在建立和管理账户时衡量价值的方法。所得的录入信息随后得到了优先考虑，被用来指导想法成形、评价观念，它们有助于创造出新的服务形式。2003年底，新的服务出台，它蕴涵的创新特色正在为美国国际集团赢得新的业务。

3. 局限：通往成功的路障。

另外一种创造价值的办法就是，帮助顾客克服障碍达成心愿。想想吧，罗氏公司（Roche）在落后于强生公司（Johnson&Johnson）LifeScan血糖仪产品数年之后是如何成为血糖监测试纸市场的领军公司的。血糖监测试纸和市场上的其他产品一样，要求使用者把血样放到测试条的顶端。如果糖尿病患者处于出现双手颤抖、眼睛发花的症状时测量就会有困难。因而，在患者最需要这个产品的时候，它却更不容易使用。

罗氏公司看到了这个局限中蕴藏的机会。1998年，该公司推出了罗康全舒波血糖试纸（Accu-Chek Comfort Curve test strips），这种试纸有个波状反应区，更容易放置血样，糖尿病患者即使在发病期间也能轻易地读取结果。这一创新产品让罗氏公司2003年底从强生血糖检测仪部门手里夺取了市场的主导权。

产品的使用或采用过程中会有无数的局限之处，这很正常。确定一个产品或服务为什么不能用——即使它满足了所有提到过的要求——就指出了又一条通向潜在增长的林荫大道。

转变式的创新

在创新的过程中,经理人需要用同样的语言来讨论事项、建立共识。现在,几乎没有哪个公司的员工了解顾客想要做好的全部事情或大部分的事情,也几乎没有哪个公司的员工了解顾客想要获得什么样的结果、试图克服什么样的局限。当某个公司中每一个人都能接触到有用的信息,被赋予权力并被鼓励去使用这信息创造顾客价值时,这个公司在发展阶段必定能有所进步。

4. 六条令人惊奇的创新洞见

洛伦·加里

4. 六条令人惊奇的创新洞见

洛伦·加里

不管是公司产业、地点普普通通,还是生产线十分平常,都不要让这种寻常和乏味欺骗了你。通信或生物技术等知名行业中的企业并没有垄断创造力。有时候,那些在媒体聚光灯外经营、处于绝对非高科技领域的企业能教给你许多令人惊奇的创新洞见。

20世纪90年代,造纸业的生产能力过剩造成价格下滑。美国内陆纸板包装公司(位于印第安纳波利斯)是奥斯汀(Austin)大联合企业Temple-Inland有限公司最大的单位,当时它身陷窘境。年收入为20亿美元的内陆公司,既不是缝隙企业也不是市场的领导者,处于行业中游。由于前途未卜,公司领导层决定对其商业模式的基本设想提出挑战。

"大型一体化公司想当然地认为生产成规模就能在成本上成功竞争。"内陆公司的首席财务官迈克·沙利文(Mike Sullivan)说。"它们的激励机制鼓励造纸厂全力投入生产,尽可能多地生产出纸张。但是我们并不认为每吨纸的成本越低，利润就越高；我们想让市场而不是别的途径来告诉我们，什么时候才该让工厂动起来。要改善结果，成为本行业中一股较大的力量，我们必须从小处着眼考虑。我们开创出受市场驱动的区域，它们像独立的个体一样在我们的行业中自主经营。我们改变了测定方法和赔偿方式，把按每吨成本计算变为按投资回报率（ROI）计算。这些激励措施使得各地区的经理不得不想出新的办法。我们还改变资产基础，关闭一家工厂，同时又让另一家加入从事不同行业、制作出高价值产品的联合企业。这些改变使我们的供应链更加平衡。"

内陆公司最终获得了利润回报，最近它又完成了9亿美元的并购，成为该行业的领军人物。但是这种策略是十分冒险的，特别是在周转不利的情况下，罗伯特·J.托马斯（Robert J. Thomas）说，他是埃森哲公司的策略变革研究所（Accenture's Institute of Strategic Change）的高级研究员。"为了成功，内陆公司不得不把所有的一切都来个180度转弯——从销售队伍和赔偿方法开始，直到生产运营。内陆公司的所作所为比硅谷里发生的很多事情都更冒险，更有创意。"

创新来自最不可能的公司及其员工

内陆公司所得的这条经验正是哈佛商学院出版公司最近发起的论坛所讨论的违反直觉的创新洞见之一。这次论坛还产生了另外一些洞见,它们获得了额外的资源的支持。

局限有时可以激发而不是阻碍创新力

容易获得资金并且没有时间压力,这并不能确保有创新。枪口之下——资金短缺,需要立刻采取行动,内陆公司采取了改变游戏结果的举措。创业孵化器、虚拟企业的 CEO、《僧侣与谜语》(*The Monk and the Riddle*)的作者兰迪·科米萨(Randy Komisar)说:"假设一个公司正在慢慢走下坡路,但这种下滑还没有在股票价格上体现出来,而且投资者仍然信心满满,但会到任做新首席执行官的某个人此刻则感到束手束脚——他几乎是被迫在坚持。公司,尤其是大公司,在其无路可退的时候,通常能成为更好的创新者。"

美泰公司(Maytag)试图利用与家电相关的飞速

发展的技术,当时它没有感受到足够大的压力可能正是所面临的问题。如果其中的任何一项技术被证明是真正突破性的,美泰希望自己能从此项技术上获利。更仔细地研究不同的选项并决定如何下大注是有风险的,美泰通过把"蛋"放到一堆不同的篮子里规避了这一风险。但这种中庸、低风险的策略带来的却是二流的、低效应的结果。"这一点可能加速了首席执行官劳埃德·沃兹(Lloyd Wards)的离职。"托马斯说。

寻找快乐的人——然后激起他们辩论

"许多证据表明,乐观主义者在逆境面前更能坚持下去。"罗伯特·I. 萨顿(Robert I. Sutton)说,他是斯坦福工程学院(Stanford Engineering School)管理科学和工程学教授,负责该学院的工作、技术和组织中心。此外,萨顿在《有用的怪念头》(Weird Ideas That Work)中写道,人们的情绪状态好的时候,在认知方面更加灵活:"他们产生更多样的想法,并把这些想法结合起来。"一旦有一群快乐、乐观的人在为一个商业想法而工作,请鼓励他们质疑彼此的设想。当一个想法"走出了婴儿期但还未经证实,建设性的争论对于开发和测试这个想法的价值十分重要,"萨顿写道。他还说,建设性的争论有非常明确的标志，它是人们"关于想法而不是性格或者关系"的争论。

创新并不总是全公司范围内的现象

"许多公司十分强调以新技术入市，可是一旦这项新技术被一览无遗，整个公司的绩效就会退到不起眼的地步。"托马斯说，"然而，在许多看上去显得单调的现有企业，你会发现许多创新还没有明确的许可就发生了。"换句话说，不是坚持让创新力在任何时候任何部门都有极高的程度，而是，不论何时何地发生了创新都要为它庆祝。小规模的创新"就像萤火虫一样"，托马斯说，"它在瞬间点亮一片天空，然后飞走，接着又在公司的其他地方出现。"

解决方案并不总是近在手边

正如机制理论家彼得·森奇（Peter Senge）指出的那样，许多公司成了他们自己成功的囚徒——他们一直试图做过去成功过的事情，甚至在环境要求作出一些改变时还这样。因为这个缘故，解决你面临的问题的方案常常来自于公司之外。

回溯到 20 世纪早期，杜邦公司（Dupont）的业务扩大到创始人无法处理的地步，与此同时，又没有更多的亲戚来管理这个公司，该怎么做呢？杜邦和这个问题较上了劲儿。解决的方法来自艾尔弗雷德·斯隆（Alfred Sloan）领导下的通用汽车公司（General Motors）。然而通用汽车公司的成功却提出了管理类公司面临的问题：你如何才能在没有高度集中的管理结构的情况下获得快速发展？"问题的解决方法产生于 20 世纪 70 年代，但不是来自通用汽车公司，而是来自像宝丽来（Polaroid）、惠普（Hewlett-Packard）和 Digital 这样的公司，"托马斯说，"宝丽来公司努力开发自己的整套产品的开发流程，在这个过程中它所面临的问题，成了其创新的主要源泉。它的问题已经被一家类似思科的公司（Cisco）更加成功地解决了，它通过购买具有创新力的企业来获得创新。"

当你寻找答案的时候，请跨越行业的传统界限。一些石油公司，如美孚石油公司（Mobil and Exxon），找到了方法，推动了生产和提炼，而不是让生产和提炼牵着鼻子走，并且，在此过程中它们把地区业务变为国际型能源集团。内陆公司就是从这些石油公司的历史中寻找到了灵感，找到了改变游戏走向的一招棋。

把更多的时间用在提高拔插头的能力而不是减少失败率上

公司经常设定一些步骤让研发变得更加多产。这些步骤在使用范围内能够派上用场,但萨顿说,基本的情况是"如果想创新,你就要能够容忍高的失败率"。提高企业组织在创新过程中更早清除无为项目的能力,可能会让你所花的时间更有价值。有些企业激励它们的创新团队自我管理。在诺华制药公司(Novartis),如果一个开发新药品的团队发现它行进的方向不对,就拔下"插头"给自己的项目"断电",为此它会受到奖励。"在创新过程的不同阶段,你需要粉碎的是想法——当然,创新的人要毫发无损。"萨顿说。因而,拥有一些悲观主义者的团队被证实是价值连城的。

"用来支持日常工作的办法在公认的管理实践中处于中心地位,它们地位稳固,不偏不倚,最不能用来创新。"萨顿继续说,"获得创新的唯一办法是忍受大量的建设性摩擦和扰动。"

参考阅读

Weird Ideas That Work: 11 1/2 Practices for Promoting, Managing, and Sustaining Innovation by Robert I. Sutton (2002, Free Press)

第二部分 实施创新策略

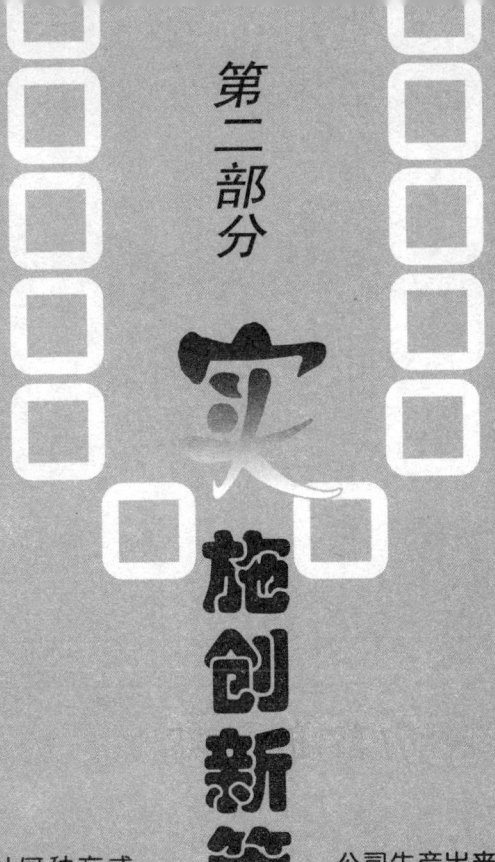

决定在何处以何种方式产生新的想法是创新的关键一步。本部分中的文章介绍了许多催化和利用新想法的策略。就像你将发现的那样,最机智的创新者会从公司内外寻找灵感。

例如,有些汽车制造商已经与供应商和研究机构组成拍档,凭借新的传动装置和燃料电池技术占据领先地位。分析对手公司的产品或者服务也能产生新的想法。例如,如果对手公司生产出来的产品所具备的性能和特性超出顾客所需或所用,你就可以利用这一点,让你的产品更加便捷。

为了在企业组织内部激发新的想法,你要形成一种文化,鼓励人们在实验新想法的时候敢于冒险并从成功和失败中吸取经验教训。另外,还要寻找机会,把现有产品和服务的渐进性的完善与更大的改变结合起来。

1. 研发的新规则

亨利·切斯布罗格

1. 研发的新规则

亨利·切斯布罗格

不久以前,内部研发被认为是一种战略资产。杜邦、默克(Merck)、IBM、通用汽车和美国电话电报(AT&T)等公司在各自的行业里作的研究最多,获得的利润也最大。然而如今,即使各行各业的美国公司2002年在研发上所花的总额超过了1 890亿美元,许多龙头公司对它们的研发投资仍感到不满。

为什么?由于这些公司处于给股东展示这些投资带来的回报的压力下,所以它们大幅度削减了在研发上的努力。一度繁荣的研发中心,如贝尔实验室和通用电气公司的研发中心等,现在也只是以前的自己的影子而已。实际上,20世纪大部分的早期行业研究实验室已经卸下了科学发现的历史重任。

另外,公司发现,许多大有可为的想法从内部实验室泄露到了外部市场。施乐(Xerox)的帕洛·阿尔托研究中心(Palo Alto Research Center)(PARC)根据当前的最佳实践方式来管理它的研究实验室。但是它却抛弃了自己创造的一些非常有价值的想法，因为它们不适合施乐的复印业务。一些被抛弃的想法最终带来了非常成功的首发股（IPO）——它们带来的综合市场资本化的实惠曾经一度比施乐的还要大，而施乐却什么回报也没得到。

但是，放弃内部研究会是一个严重的错误。内部的发现不但能成为竞争优势的源泉，而且还能产生价值不菲的知识产权和收入流。例如，2001年IBM在专利许可和版税上所得的利润为19亿美元，内部研究使得IBM在快速增长的体制一体化市场上保持着领先地位。

你所需要的是更加面向外部的研发方法。你不但应该在内部研发中利用外部技术，而且还要找到其他公司在业务上使用你们技术的途径。这种方法，我称之为开放式创新，它给内部研发带来了一套新的要求，而且改变了创新游戏的规则。

超越"非此地发明"的想法

在内部研发的黄金期，把一件产品看做是"非此地发明"（NIH）的而不予理睬，意味着内部开发的技术至高无上，并且意味着依靠外部供应商提供公司产品的重要部件具有风险。在那个年代，为了有效地开发和

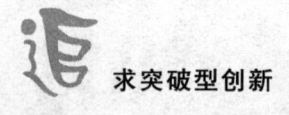

营销一件复杂的产品,最好是自己包揽整个过程。公司在各个不同的领域都拥有大量内部专门技术,并利用它们开发所有需要的重要元素。通过这种方式,通用制造出了汽车,IBM生产出了其计算机主机,施乐开发出了其复印机,美国电话电报公司建立了美国的电话系统。

但现在,这种想法却过时了。技术人员比以前更有流动性,他们把技术和秘诀传播给更新、更小的公司。实用的知识得到了广泛传播:就在1981年的时候,员工不足1 000人的公司花费的研发费用还不到美国这项总额的5%;今天,其研发费用却超过了20%。员工超过25 000人的大公司过去提供的行业研发费超过70%;今天,只有40%。总之,现如今研发的经济规模似乎变小了。结果是,"非此地发明"已经有了完全不同的意义。现在它意味着"不要再自己发明轮胎了,代之以品质优良的现成的好轮胎来制造更好的汽车吧"。

一旦公司认同了获得外部技术十分重要,内部研发的重点就从对一门学问的纵向研发转移到了横向研发和跨学科的整合上。老式的研究实验室从头开始,开发出高新技术,而开放式创新实验室则必须对大学、创业公司、竞争对手等外部环境进行扫描,从中找到适用于内部的有为技术。它们必须开发出各种结构,轻松地把外部技术整合到复杂的内部系统中去。

例如,汽车制造商不再努力地去发明轮胎;它们与供应商及研究机构联手掌握了高新的传动装置和燃料电池技术。它们的内部研发团队集中精力整合所看到的、从供应基地显露出来的技术。通过投资于先进的电脑模拟技术,它们可以减少设计新产品的时间并试验更多的装配组合。这项专业技术为内部研发投资提供了持续的基本思路。本田公司(Toyota)购买了适用于任何汽车厂家的同样的零配件,它使用内部系统的整合技术制造出的汽车比竞争对手用同类部件制造的还要好。

公司也可以利用外部技术来巩固价值链。默克集团有限公司(Merck)收购了药品生产过程缺乏效率的创业公司。其中一个公司重点招募内科医生及其病人进行临床试验。另外一个公司则集中精力将美国食品药品管理局(FDA)的申报流程自动化。这样,默克公司就节省了一两个月耗费在这些活动上的时间,节省的时间延长了其药物的有效专利期,转化为数百万美元的利润。同样,大都会人寿保险公司(Metropolitan Life Insurance)也把后台索赔处理外包给外部公司。卖家更新的技术和更高的索赔额(来自于其他公司的索赔处理)降低了大都会人寿的成本。

和"此地不卖"的病毒作斗争

利用外部技术只是研发战斗的一半。另一半在哪里呢？是让其他公司使用你的创意。在此，你面对的是"此地不卖"(NSH)病毒——"非此地发明"病毒的商业对应者，它影响了许多研发部门。

持有"此地不卖"的想法的人认为："如果我们不是通过自己的销售渠道出售创意的，我们也不让其他任何人出售它。"如果销售和营销人员坚持认为他们只能使用公司技术，并且想把这项技术限制在自己公司的分配渠道中，你就知道公司在你手上感染了"此地不卖"(NSH)的流行病。虽然你授权给公司现有的销售和营销组织独家创意使用权似乎是合理的，但是这种方法却不可能带来最大价值。如果一个公司制造出一种零件并用于自己的产品，此时允许其他公司购买这种可供使用的零件通常都能降低成本。

例如，皮克斯(Pixar)动画公司率先使用了RenderMan渲染动画软件制造出获奖影片。但皮克斯还把RenderMan出售给了其他公司，这些公司把它用于不同电脑模拟动画的目的。这样做，该软件的固定成本就被分摊到增加的项目头上。更微妙的是，这使得使用软件制成的产品(皮克斯电影)不得不凭借所得的附加值竞争,而不是依靠对该软件(RenderMan)的排他性独家使用权来竞争。如果产品能够名正言顺地获得附加值,换句话说,它就能从低成本的软件上获利。如若不能,这个软件就只能局限于它在其俘获的(内部)客户身上实现的业务。

买断合约也是一种给你的创意带来更多商机的方式。这种申请许可不但不会给你增加什么费用,而且还可以产生出重要的增量收入和利润。此外,申请授权用你的创意的公司要更好地利用这些点子,也可能需要咨询帮助,因此这也是除了最初的专利使用转让费之外的第二条创收渠道。开创这种新的创收渠道,你将能够在别人削减经费时给你的创新投资提供正当理由。

在知识和技术得到广泛传播的世界里,不再可能设想你所在领域中所有最好的人才都为你工作。也不可能设想你的公司垄断了最好的技术或使用创意的最佳办法。开放创新流程去囊括他人的观点和业务是使这些新的现实状况为你创造收益的唯一办法。

2. 性能、便捷与价格：你的品牌优势在哪里？

斯科特·D.安东尼

克莱顿·M.克里斯滕森

2. 性能、便捷与价格：你的品牌优势在哪里？

斯科特·D. 安东尼
克莱顿·M. 克里斯滕森

去年六月，《华尔街日报》(Wall Street Journal)的头版文章说，邦诺书店(Barnes & Noble)将推出一系列"书店冠名品牌"书籍，这在整个出版界激起了轩然大波。邦诺的做法让消费者可以用相对便宜的价格购买到许多高品质的经典小说，如梅尔维尔(Melville)的《大白鲸》(Moby Dick)、霍桑(Hawthorne)的《红字》(The Scarlet Letter)等。有时候其价格要比贝塔斯曼(Bertelsman)或企鹅(Penguin Books)这类出版社出版的同样的书便宜50%。邦诺希望模仿超市和其他大零售商的成功经验，利用书店冠名品牌策略从著名品牌的消费品生产企业那里争得一席之地，赢得价值。

宣布这个消息应该引起这么大的震动吗？透过我们的战略和创新理论来看，答案是肯定的。邦诺的举动表明，出版界的环境发生了改变，这就是说，从品牌中攫取价值的力量将逐渐从图书出版商，如哈珀·柯林斯(HarperCollins)和霍顿·米夫林出版社

（HoughtonMifflin）那里，转移到仓储和销售书籍的渠道。

大部分观察者都会称此为开发过程商品化，并把它作为别名来描述一个过程，即，导致公司无法通过区别产品和服务获利的过程。事实上，对商品化的恐惧让每个高管都脊柱发冷，也应该如此。纵观历史，竞争者已经指出该如何仿效产品和服务，即使它们在专利上具有天壤之别。

为了避免这种威胁，许多公司投入了大量的时间和金钱，建立起了强大的品牌，这些品牌会尽可能长期、有效地带来额外的良好信誉和相关的保费定价。然而，导致产品和服务商品化的力量同样促成了品牌的商品化。

但，商品化还有另一面。导致产品或服务商品化的力量几乎总是导致其他事物的非商品化。品牌同样如此。当一套品牌不再带来价值时，在同行价值链中另一个增值阶段就会出现另一套品牌，这套新品牌便开始创造价值。

本文提出了一种模式，经理人可以用它来了解导致品牌贬值的力量，找到价值链中创造新品牌的机会之所在，或是找到现有品牌的复兴机会之所在。

总之，我们建议形成三种不同的品牌：

1. 性能品牌
2. 便捷品牌

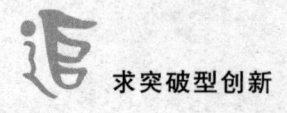

3. 价格品牌

服务过头——给顾客提供的性能要比他们能使用的多，导致性能品牌从产品生产厂家转移到零件供应商那里。服务过头也为零售商创造了开创便捷和价格品牌的机会。

突破型创新透镜下看品牌创造

突破型创新模式包括了关于策略和创新的许多事项，所以它有助于预见专利产品和品牌的价值得以建立的原因和得以建立的方式，还可以看清楚品牌是如何贬值的。这个模式在"图2-1创造品牌和突破型创新模式"中有所展示，它描述出一个趋势，即技术进步的步调超出了顾客能够利用这种进步的能力。为了就此进行讨论，这一理论中有两个重要的部分需要强调一下。

首先，这种理论把两种基本的情况分隔开来。在图表左侧，产品和服务的性能"不够好"，无法满足顾客的要求。右侧表示产品和服务的性能可以满足顾客的要求，"好过了头"。

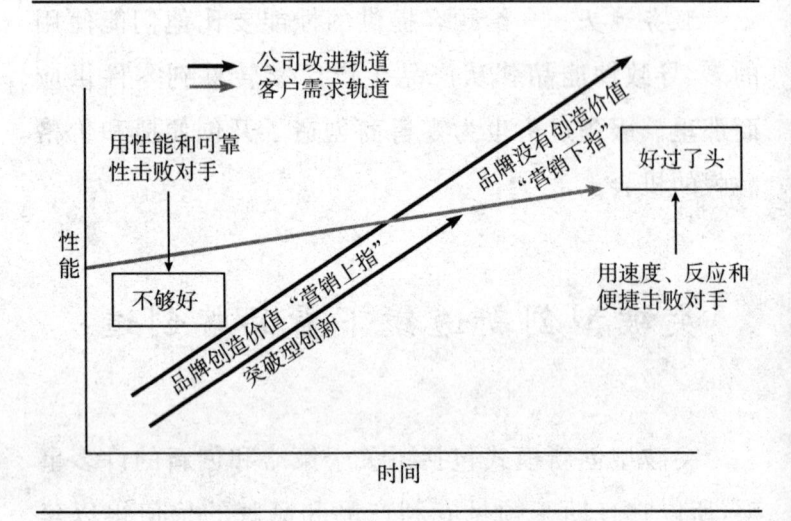

图 2-1 创造品牌和突破型创新模式

性能轴（纵轴）／时间轴（横轴）

- → 公司改进轨道
- → 客户需求轨道

图中标注：
- 用性能和可靠性击败对手
- 不够好
- 品牌创造价值 "营销上指" 突破型创新
- 品牌没有创造价值 "营销下指"
- 好过了头
- 用速度、反应和便捷击败对手

许多创新者认为集中精力抓产品质量，生产出最好的产品才是创造超值品牌的关键。在某些情况下，这倒没错。公司的确需要就无法满足顾客所需的功能和信用度不够好的产品，建立起具有价值的性能品牌。换句话说，当公司处于"图 2-1 创立品牌和突破型创新模式"的左侧——即它们的"营销上指"，指向对现有产品以外的产品有所需的顾客时，它们可以创造出强大的性能品牌。精心打造的品牌可以介入并填实某种裂缝，这种裂缝介于顾客的需要和顾客从信誉未知的供应商手中购买产品的惶恐之间。

当衣物的耐磨度不能承受干粗活的需要时，利惠公司（Levi Strauss & Co.）打造出了粗斜纹布牛仔裤品牌。当只有少数人对自己牙齿防止龋齿的能力满意的时候，宝洁公司树立起了著名的佳洁士（Crest）牙膏品牌。同样，当加工的食品的质量表现参差不齐、缺乏一贯性，食物腐烂是家常便饭的时候，许多食品品牌应运而生，如，雀眼公司（Birds Eye）和绿巨人公司（Green Giant）的蔬菜品牌、迅捷公司（Swift Premium）的肉类品牌和家乐氏公司（Kellogg）的麦片品牌等。上述例子中，所有的性能品牌都是在行业发展"不够好"的阶段建立起来的。

只要性能还不够好，创造性能品牌的机会就会继续存在。以地产管理行业创造品牌的潜能为例。一提到房地产物业公司，就会浮现出这样一个形象：他们会把房客的每一分钱都榨干，而维修的时候又会不停地抱怨并且尽量避免维修。没有听说有谁觉得自己的房东诚实、乐于助人、友善、可靠，感到非常非常满意的。这可是建立一个品牌的最佳要素集合。

当性能还不够好的时候，企业必须创造出最好的未来产品以参与竞争。我们认为性能品牌只有在性能不够好的情况下才能创造出价值，同时，我们也认为性能品牌在性能已经过好的情况下，会开始失去创造价值的能力。这一点涉及我们提出的模式的第二个重要含义。

正如在《创新者的困境》（The Innovator's Dilemma）和《创新者的解决方案》（The Innovator's Solution）中所描述的那样，企业创新的速度比人们生活变化的速度要快,所以今天还不够好的东西明天就会变得过好。这个过程被称之为服务过头。因为创造了"好过了头"的条件,服务过头引发了商业化。如果还没出现服务过头的情况,顾客总会愿意花钱购买改进后的产品。

如何才能知道服务过头的情况已经出现了,而服务过头又暗示着什么呢?享受服务过度的顾客失去了购买的欲望,即使让他们为了曾经重视的产品改良额外掏最少的钱,他们也不愿意;按经济学的说法就是,他们从产品改良中获得的利润率越来越少。企业添加了额外的产品功能,但它们却得不到使用。人们开始抱怨曾经被他们忽略的事情。"这个产品太复杂了"他们说,"而且太贵了。"

出现了服务过头的情况,来自不同供应商的同一类产品性能远远超出了顾客所需,此时,商品的价格提升能力就会变小。由于有顾客处于需求量最小的市场层面上,所以性能品牌无法维持产品改良后的价格,接着该品牌逐渐贬值,层层下滑。"创造品牌和突破型创新模式"一图说明了这一点,它表明,当"营销下指",指向享受服务过度的顾客时,投资创建性能品牌不太可能孕育出成果。

人们通常认为,一旦价格开始左右大局,游戏就结束了,而商业化也会随之而来。这种说法并不全对。把竞争建立在价格基础上,意味着企业不再能够提升

某一特定的品牌的价值。

一些消息对于一些企业来说是坏消息,然而对于其他企业却是好消息。尤其是,服务过头创造了三个与品牌相关的机会(在图 2-2 "创立品牌的力量在哪里"中有所总结):

图 2-2　创立品牌的力量在哪里

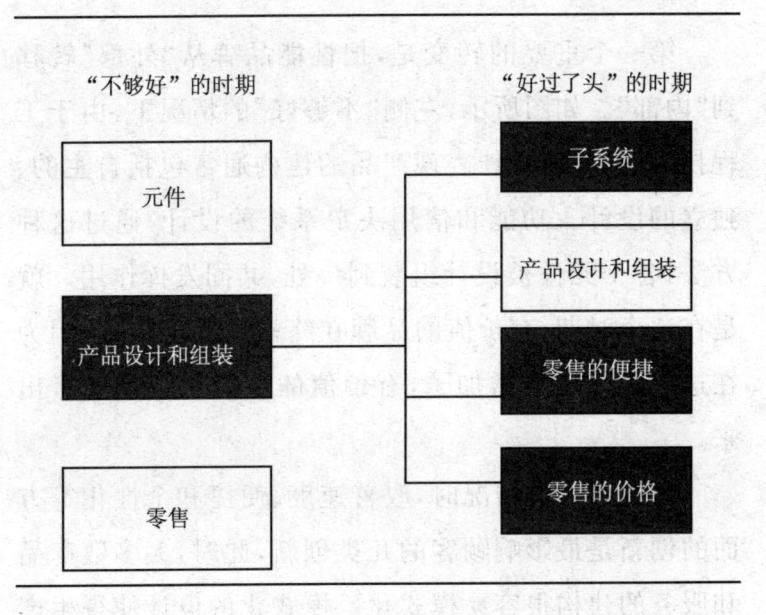

"不够好"的时期：元件 → 产品设计和组装 → 零售

"好过了头"的时期：子系统、产品设计和组装、零售的便捷、零售的价格

1. 关键的元件或子系统可以改善功能和可靠性至关重要的方面,提供这些元件或子系统的商家可以建立起性能品牌。
2. 零售商如果能够让顾客在需要的时候很容易就得到他们想要的产品,他们就能建立起便捷品牌。

3. 零售商如果能以相当低廉的价格把"够好"的产品卖给享受产品或服务过度的顾客,他们就能建立起价格品牌。

让我们一一探讨这些机会。

1. 由外到内的转移

第一个重要的转变是,把性能品牌从"外部"转移到"内部"。如图所示,左侧"不够好"的情况下,由于工程技术的原因,最佳表现产品的建构通常包括自主的、独立的设计。功能和信用决定系统的设计,通过这种方法,各个元件被设计组装到一处,共同发挥作用。就是在这个时期,有价值的品牌在终端产品上形成,因为在这一阶段价值增加了,有价值的性能也被创造了出来。

发生过火的情况时,改善速度、便捷和个性化等方面的创新是最影响顾客的几类创新,此时,大多数产品和服务的建构很容易模式化。模式化的设计使得生产汇编程序可以替换子系统,而无需重新设计整个产品,同时还可以把不同供应商的各个元件和子系统组合、装配在一起。这一切刚开始发生时,通常,都是发生在市场底部——提供模式化产品的突破型供应商向上游市场更具吸引力的顾客靠近的能力并不是由系统建构层决定的,而是由产品组装所用的子系统和元件决定的。

　　换句话说，不够好的部分从建构层面跳到了子系统，从外部跳到了内部。创造有价值的品牌的机会也从外部转移到了内部。

　　这种转移最显而易见的例子发生在电脑行业。20世纪90年代，英特尔（Intel）公司与微软视窗品牌的强强联手从IBM和惠普公司那里取代了其创造品牌的传统优势。模式化、行业标准结构主宰了市场主流层面。这一点上，内部的微处理器和操作系统成为影响如戴尔、康柏等组装产商向上游市场行进的因素。因此，强有力的品牌所在地从机箱外部转移到机箱内部，这些子系统决定了产品的性能。

2. 便捷品牌的诞生

　　服务过头带来的第二个重要的转变发生在零售业。服务过头为零售商创造了许多机会，让他们承接"够好"的产品，并用十分方便、个性化的方法递送这些产品。在此过程中，零售商可以创造出非常强大的"便捷"品牌，帮助顾客尽可能方便地在需要的时候得到想要的东西。

　　考虑一下你们当地的购物商城里遍布的商店的状况——如Gap、Abercrombie & Fitch、威廉斯-索诺玛（Williams-Sonoma）等等。大多数人都不知道这些商店出售的产品是谁制造的，而且大部分人对此也并不在乎。事实上，诸如Gap、A&F等公司利用的是合同生产商，这些生产商为多个公司制造产品。因为顾客并不在意衣服做工有多粗糙，衣服还没穿坏，它们就已经过时了，所以，许许多多的供货商都能生产"够好"的衣服。如果企业组织可以为目标顾客提供时尚产品，并且能够用一种迷人的、引人入胜的方法销售这些产品，它就拥有了力量。从此，创立品牌的力量从产品本身转移到分销渠道，因为分销渠道改进了目前还不够好的地方，即顾客迅速找到并搭配时尚套装的能力。

换句话说，"品种杀手"指的就是上述的零售商，因为它们出售某一特定产品，而这种产品又是如此的简单和方便，使得人们可以以更加合算的方式办事。通过使用这种方法，它们拥有了创造有价值的便捷品牌的机会。商店从"满是品牌产品的店铺"转变为"品牌店"。我们的理论所得出的洞见是，服务过头的过程也能推动这种变化。

3. 创立价格品牌

最后，让我们来看看一些企业吧，它们所遵循的战略和邦诺书店的一样，并且创造了自己的商店品牌产品。透过我们的观察可以看到，这些零售商的品牌是"突破型的创新产品"。在顾客对产品的性能不满的情况下,零售商不可能在市场的各个层面获得牵引力。但是在过好的情况下,提供最好的产品并不能保证品牌的增值效益。因此,商店品牌产品有潜力建立起强大的价格品牌,逐渐破坏甚至摧毁大产品企业的市场地位。

通常,对某些企业造成了威胁的事物也为其他企业创造了机会。例如,特易购超市(Tesco)和森斯伯瑞(Sainsbury)超市是英国的两家最大的食品零售商,它们从联合利华(Unilever)和宝洁公司手中决定性地夺走了具有价值的品牌的控制权。这些零售商,一个品种接着一个品种地,逐渐把许多品牌产品从货架上赶走了,换上了贴着自家标签的产品。许多昂贵的品牌产品被孤零零地搁在货架上,提醒着顾客,如果购买商店品牌产品,能节约不少钱。商店品牌的产品虽然由不知名的制造商制造,但它们完全有能力生产出令人满意的产品。总的说来,英国食品零售商出售的产品中几乎有40%是贴自家标签的。而某些品种,商店品牌产品占了市场份额的90%。加拿大零售商劳勃朗公司(Loblaw)已经获得了类似的成功。

同样的转变正发生在美国的食品零售业。商店品牌产品逐渐从改良后的品牌产品那里夺取了越来越多的货架空间,这种变化是从最基本的主食开始的。例如,最近美国销售的意大利面产品中几乎有四分之一都贴着商店自家的标签。

对于消费品企业来说,这是一个可怕的消息。但对于食品零售商和他们的顾客来说,这却是一个好消息。商店品牌以较低的价格生产出相似的产品,并且,食品零售商确实从这些廉价的产品中获得了较高的利润率。这对于依靠薄利经营的行业来说,真是意义重大。

> 产品商业化和价值品牌贬值的过程,
> 在每个市场都会有,在任何时候都会有。

邦诺书店最近的做法就在紧跟这种模式。请注意,邦诺先知先觉,决定从"经典"图书着手。一些经典是属公共版权领域——你无需任何特定的版权保护就能出版它们。大多数顾客都清楚地知道,当他们买到《大白鲸》时将会获得什么。他们不需要某个出版社在书上盖上核定的印章,告诉他们此书值得一读。如果历史就是向导,邦诺书店将在出版的价值链上向上走,并从出版商那里获得日益增加的价值。

当然,推动这种变革的零售商业也得当心,他们的成功会把自己带入同样的陷阱——给顾客提供的产品太多,就会让新的企业有机会用新的方式参与竞争。我们并不愿意这样说,但是,因为性能改善的轨迹往往会超出顾客使用这些改进产品的能力,所以产品商业化和价值产品品牌贬值的过程在每个市场都会有,在任何时候都会有。的确,在一些市场里,从底层到顶层,这个过程只需要数年的时间。而在另一些市场,这个过程要花几十年的时间,但它最终还是会发生。

我们强调的是,本文并不认为过去行之有效的成功公式在将来就不再发挥作用,也不认为所有的企业为了获得成功都需要变革。只要品牌服务弥补了顾客所需和顾客可得之间的裂缝,就能创造出价值。但是,因为这种裂缝往往不是经常发生的,所以公司必须关注机会转变的方向,以便创造出新的品牌。

这个过程会持续很长时间。在一些市场,它绝不会波及到上层,因为市场上层的顾客和某个品牌的产品建立了一种强烈的情感联系。但是,这个过程也绝不会停息。因为它绝不停息,所以利用它的机会也就源源不断。

3. 竞争优势在哪里？

洛伦·加里

3. 竞争优势在哪里？

洛伦·加里

克尔·柯林斯（Michael Collins）一直都希望能多样化。他的公司，大构想集团，目前虽然只生产儿童玩具，但他却认为自己那套发现、完善和应用好点子于市场的流程可以在其他合适的场所发挥作用。

正如哈佛商学院研究的案例《什么才是好点子?》（*What's the BIG Idea?*）所说的那样，柯林斯正把眼光放在住宅和庭院产业上。哈佛商学院商学管理系的克莱顿·克里斯滕森、罗伯特和简·西齐克（Jane Cizik）教授利用这个案例提出了几个核心的问题，以供所有想要了解企业内部创新之源和创新障碍的人思考。

柯林斯是否拥有获胜的创造力呢？关注重点恰恰应该放在大构想集团"创新和价值创造的流程上"，克里斯滕森说。缺乏创造力很少成为产品毫无新意的原因，通常也不是传递渠道提供产品和服务的原因。"往往会有些流程让可能成为好点子的想法变为毫无创意的东西，或者造成错误的想法大行其道。"

把创新流程分解掉,然后分析每一个部分,克里斯滕森这样劝告。那将有助于你了解"竞争的优势在哪里"。他的分析集中在大构想集团"四阶段创新流程"中的两个阶段:产生想法、对这些想法进行筛选以得到可行的几个想法。

想法形成阶段

大型玩具生产商经常看都不看一眼就把外部发明者送来的产品丢弃了。因为返修率的缘故,最小的返修也需要有深思熟虑的投资,所以,这些大制造商可能没有时间和资源用在没多少机会广开销路的小主意上。

恰恰相反,大构想集团采用的并不是高高在上的方式,它对所有的发明者都表示欢迎。在全国定期举办的"好点子搜寻"活动可以让发明者把他们的想法提交给行业专家组。柯林斯对每一个想法提出建设性的反馈意见,他享有知识渊博的盛名,建立了令人印象深刻的行业关系网,这一切确保了他能获得可观的成果:每个月他的想法形成流程都能得到 200 个有趣的点子。

筛选阶段

大型玩具生产商说,他们极其渴望得到富有想象力的创意,他们数年来一直都在为开发出不再依赖电影搭卖广告的新产品而奋斗。怎么会这样呢?"在大型玩具生产企业里,你会找到中层经理,他们只想生产那些看上去在过去已经获得认同的产品,"克里斯滕森解释说。一个关于产品的想法遭到拒绝或得到认可,然后"轰"然惨败了,将会毁掉一个中层经理的事业。"这种确定该提倡什么的自然流程带来的结果是,商业计划中得以展开的想法看上去与过去被资助的想法非常相似。"

"这倒不一定是一个坏的流程,"克里斯滕森说,"但它只对某些事情有好处。"例如,20 世纪 80 年代初,索尼公司的创立者盛田昭夫(Akio Morita)退出其行业,公司营销部门首次招聘了工商管理硕士,他们带来了用于了解新的市场机会的数据驱动分析法。"用来寻找成形市场中的裂缝,这个流程真是了不起,"克里斯滕森说,"但是却有碍于凭直觉下注。"

由于十分依赖于盛田昭夫的直觉,索尼 1950 年到 1979 年间拥有了"12 个真正突破型的技术,这些技术开创了具有新顾客的新市场,接着又消灭了市场领军者"。与此相反,分析法在20世纪80年代到90年代间虽然产生了意义重大的创新,但这些创新却都是"成形市场的后入市者"。

什么样的产品才最适合分析型的思考,什么样的产品才最适合直觉型的思考呢?"假如你能了解一个流程是如何运作的,为什么这样运作,"克里斯滕森总结说,"当一个想法进入传递渠道的时候,你就知道该如何使用你的流程,或明白是否该避开这种流程,创造出另一种用来开发想法的平行的流程。"

4. 内部创新

朱迪思·A. 罗斯

4. 内部创新

朱迪思·A. 罗斯

惠尔普公司（Whirlpool Corporation）的一家制造工厂里，一群员工（其中包括一名生产线工人和一名工程师）正在讨论旅行野餐。他们幻想着，一边听着心爱的音乐，一边在汽车尾部倒饮料、冷冻食品、煮饭，难道这不是很棒吗？

讨论的结果怎样呢？惠尔普目前正在开发的新产品 Gator Pak 为顾客提供了一系列的选择——烤架、冷冻和加热箱、饮料机、微波炉和音响，这些选项可以让顾客创造出个性化的车尾设备。Gator Pak 是一种集公司多种新创意于一身的产品，它包括一个内置型洗碗机、一套具有冷冻功能的烹饪设备，以及一系列适合于 18 到 34 岁年龄层的人群的个人家用设备。这些产品的创意均源于大范围的惠尔普变革新方案，它让公司上下都致力于创新，并把这种奉献精神变成了企业组织的一种竞争力。

因为相对而言能长期维持创新状态的企业不多，

所以许多专家就建议企业从外部寻找创新。这种主张是说，公司应该把注意力集中在它们的核心能力上——生产、打造品牌、分销、公司参与的事情等，同时，通过征集和合作的方式寻找公司未来发展所需的新创意。

> 新的创意对公司战略进行了压力测试，并且增加了企业组织选择的多样性。

这种模式已经被多个企业组织证实是成功的，甚至对那些曾经有过强有力的创新记录的企业也有用。宝洁公司的首席执行官雷富礼（A. G. Lafley）对股东说："我们预计宝洁50%的发现和发明都将来自企业外部。"

然而，其他公司正在回避外部投资，转而致力于形成一种文化和内部流程，以便释放出企业组织内部创意的力量。贯穿这些公司内部的能量和致力于创新的精神已经产生了一些颇有前景的新产品。重要的是，每个新创意的出现都对企业的战略进行了压力测试，并且增加了企业组织选择的多样性。这一点直击企业组织恢复力建设的核心。

"恢复力取决于多样化。"加里·哈梅尔和莉萨·韦利坎加斯（Liisa Välikangas）在《哈佛商业评论》（*Harvard Business Review*）中写到。前者是伦敦商学院战

略和国际管理的客座教授、伍德赛德研究院的主任,后者是伍德赛德研究院的高级研究员。"一个系统所能采取的行动越是多样化,它所能适应的困境就越多。"依靠内部能力制造出企业所需的多种战略,成为外部困境受害者的可能性就能进一步减少。

一些核心因素对在企业内部建立持续的创新奉献精神十分关键。其中包括,共同的奉献精神模式、内部种子基金的可用性、鼓励实验和包容失败的结构以及衡量创新价值的能力。

从愿景到嵌入式模式

惠尔普公司的变革项目于1999年启动,目的在于把公司从以商品行为基础的行业中释放出来,转变为一个在所有客户接触点都致力于创新的企业。公司新的设想是"所有人、所有部门都在创新",首席执行官大卫·R.惠特万(David R. Whitwan)让实施这一组织的新愿景的举动变得清晰可见,共同的创新责任感在他的努力下像瀑布一样倾泻到企业组织的各个角落。

刚开始的时候,惠特万和他的领导团队一起创造出一种嵌入式的集体精神模式,在组织内部给创新埋下深深的根。他们通过被公司称为"嵌入轮"的可视性框架来实现这一点。这种框架的最外层描述出愿景和目标。中间层展示出支持创新嵌入企业各个层级时所需的基础结构，涵盖了领导层的责任和发展、文化和价值、金融和人文资源、结盟的动机和制度、知识管理和学习、考量和汇报等等。这个可视性工具的中心包括了实际流程和创新所需的工具。

负责公司战略能力创造和领导力的副总裁南希·坦南特·斯奈德(Nancy Tennant Snyder)，说，她已经从惠尔普以前的变革努力中明白了一点：所有这些因素都得同时兼顾，"我们需要让所有的汽缸运作，这样才能有所变革。我们不能只把员工送去培训或者改变赔偿制度。我们必须把创新当做一个基础结构，兼顾到它的各个方面，各个方面都必须同时前进。"

把企业资金放在申请的项目上

就如惠尔普实施的转变一样，同时推进多个层面在转变过程中至关重要，但这种项目中有一些方面却有可能在早期比其他方面更清晰可见，德博拉·L. 杜阿尔特(Deborah L. Duarte)说。他和斯奈德一样，是《战略创新：把创新作为一个核心能力嵌入你的企业组织》(*Strategic Innovation: Embedding Innovation as a Core Competency in Your Organization*)一文的顾问和作者。

在惠尔普的个案中,更清晰可见的是它的种子基金。数笔小资金,25 000美元到100 000美元不等,被存起来,用于创新的某一方面的小型实验,由中层经理人、经理人委员会和内部创新顾问支付。要获得这些基金,申请人需要提交一份商业计划,把创新作为一项商业创意来描述;有了这个过程就不需要通过层层上报来获得资金了。

杜阿尔特说:"如果你打算告诉所有的员工自己是认真的,那么,变革战略必须活力四射,用到所有的因素。另一方面,如果你能找到某种快速制胜法,它具有效力而且容易实施,那就去做。种子基金说明了作出的努力是认真的,这个小诀窍也将凸显出项目的其他部分。"

拥抱实验和失败

如惠尔普公司资助的实验一样,不断重复的小实验是创新的生命之血,哈佛商学院教授斯蒂芬·托姆克(Stefan Thomke)说。他是《实验紧要:开启创意新技术潜力之锁》(*Experimentation Matters*:*Unlocking the Potential of New Technologies for Innovation*)的作者。实验有助于企业管理技术、生产和市场等方面的不定因素。"企业做的实验不够——或者说还很不够。它们雇用了许多外人,试图从他们身上的经验中获益。可为什么不去做实验呢?很多时候,你只要花上其他办法所耗经费的一小部分就能解决问题。"他警告说,培养一种从成功和失败中吸取经验的自觉态度是一种挑战。"失败是不可避免的。在获得成功结果的过程中,你不得不承受许多失败。设计的实验应使其产生的信息和洞见最大化。尤其在早期,想要防止失败,不延误事情这一点十分重要。快速重复的方法让你能快速地从成功和失败中学到经验,并且把这些经验传递下去。"

这也是个算术问题,哈梅尔和韦利坎加斯写道。"要用数千条创意才能促成几十个有希望的小规模战略,然后才能得到为数不多的大型成功。然而,只有为数不多的企业致力于这种根基广博、小型的战略实验。"自觉地在实验中学习,也从失败中学习,标志着大多数企业组织中巨大的文化转变。"包容出于善意的错误,对于创新过程至关重要。"箱包制造商 Tumi 的营销副总裁查德·梅林(Chad Mellen)说,其企业便形成了长期的内部创新责任感。

惠尔普公司同心协力帮助员工承担创新风险,高层领导人也公开发表了关于从失败中学习的讲话。他们甚至奖励这种行为。"其中一位高层人士启动了一项创新,运作了一段时间后就把这项创新束之高阁了。他不但大谈特谈这次创新经历,而且现在还得到了一项重要的工作。"斯奈德说。那些最初没有成功的创意都被称为"雪藏品",斯奈德说,"意思是,它们或是已死或是没有价值了。"实际上,新添加到惠尔普创新行动的步骤要求创新团队仔细审查所有被搁置起来的创意,把它们作为一种资产加以重视。惠尔普印度公司(Whirlpool India)通常会回顾这些创意,看看其中是否还有可适用于市场的。

维持和测量的通用做法

多种组织责任感让 Tumi 箱包数十年来得以维持一种内部创新能力。首先,这种能力快速建立在现有的产品或理念上。该公司按季回顾并升级生产线,这样的高频回顾让 Tumi 的设计师们可以跟上飞速变化的市场步伐。比如,最近有一款新的大屏幕笔记本电脑上市,上述过程则可能会暴露出人们对装这种电脑的箱包的需要。

接着,该公司把时代元素加入到设计周期中去,以便让设计者追求他们灵感中产生的新理念。通过这种方式,公司找到了创造力的特性,并对这一特性加以鼓励。

最后,尽管有了内部创新的组织责任感,Tumi 还是会从企业外部寻找灵感。比如,设计部门召开例会,讨论借用其他行业创新潮流的可能性，撒下一张大网，追求最佳的产品设计和功能。为了把范围扩大到渴望得到前瞻性产品的顾客，Tumi最近启动了一条生产线，其部分灵感来自奥迪TT系列（Audi TT）运动车的突破款型，副总裁兼设计师蒂姆·芬顿（Timm Fenton）如是说。Tumi的追踪项目是一项关于顾客服务的创新，它给每个箱包都设定了一组数字，因此，箱包如果丢失了，可以到中心登记寻回。这个灵感来自蒂凡尼（Tiffany）的钥匙链，如果有人拾到丢失的钥匙链，把它放到任何一个邮箱里，它都能回到主人身边。

所有这些创新资源都会在Tumi创新委员会每月的例会中得到讨论和追踪，新的创意在这个委员会里被提上桌面，并评价其商业策略。委员会成员包括公司总裁以及销售、营销、设计和销售规划等部门的领导。Tumi还把创新嵌入到了销售计划当中，为新产品的预期收入作了专门的预算。

由于惠尔普把创新责任感制度化了，所以它开发出了测量法，它们有助于创新效力的测量。这个过程的第一步是，惠尔普公司的领导团队确定可测量的嵌入目标——该目标与最终目标相对。最终目标与创新的长期商业结果绑在一起。嵌入目标集中关注与"嵌入轮"上描绘的行动相关的进步。这几种目标需要一整套新的测量标准，比如，需要移除多少关键的障碍才能使创新繁荣起来，或者创新会带来多少工作变动等等。惠尔普的高层现在使用"一种创新仪表盘",加里·哈梅尔和韦利坎加斯写道,"它追踪流往递送渠道的创意的数量、真正的新创意的百分比以及每个创意的潜在财务影响。"

即使有了美好的愿景和正确的计划,要推销首次把创新提到公司核心地位的文化转变也并不容易。仅是改变企业组织对失败的看法这一项,就可能是一个极其艰巨的任务。但是,看到惠尔普努力的结果,斯奈德深信,在领导层的支持下,创新责任感能够融入到组织的各个角落里去。"看看那些围坐在一起谈论旅行野餐的人吧,他们在问,'如果那样,会怎样呢?'"她说,"看吧,有种机制能够帮助他们。创新的过程释放出来的积极的能量真让人感到吃惊。"

5. 风险是创新的代价吗?

哈尔·普洛特金

5. 风险是创新的代价吗?

哈尔·普洛特金

市场以快得让人目眩的速度变化着,竞争优势转瞬即逝。你需要员工具有创造性思维,却不想纵容愚蠢的错误和错误的商业决定。经验丰富的经理人说,划清两者界限的最好办法就是,设立一项表述清楚、用于预测错误的政策和一项用于对成功的员工进行大张旗鼓奖励的项目,并把两者结合起来。

比如,马克·罗尼(Mark Rohney),UPS快递公司电子新业务开发部(UPS e-Ventures)的董事长,面对"漂亮的"失败,他已经超越了常规的纵容的做法——他颂扬这种失败,但有严格的界线。作为领导,罗尼说,你工作的一部分就是让员工明白,有时候你期待失败。"在我的眼里,成功并不一定意味着你建立了一项业务。如果你毁掉了一项业务,那也是成功。我在项目组和高级主管部门身上花了很多工夫,我对他们说,'错了,没事。点子不好,没事。'"

有一个经理人就采用了这种方法,他是乔治·齐默(George Zimmer),男性服饰公司(Men's Wearhouse)的创始人和首席执行官。自1973年成立以来,该公司已经由休斯敦(Houston)的一家单一的小店发展为拥有680家经销店的公司,现在它控制着美国男性成衣市场15%的份额。齐默的许多最好的客户服务措施均来自他的员工。他们会赶到机场,把刚刚制成的套装送到即将离开的执行官手里,也会在家长购物的时候照顾好孩子。他们因提供此种服务而闻名。

齐默说,如果员工觉得没有自由,不能一次又一次地决定自己的行事方式,那就不可能创造出一种能让员工自愿承担风险去尝试新的方法的企业文化。如果经理人想要员工有最好的表现,就必须实践宽恕错误的政策。一直以来,齐默都很愿意把这种工作哲学发挥到极致,强化这一观点。

一名员工承认,由于赌性难改,他从账台的抽屉里偷走了3 000美元。对此,齐默不顾该员工直接负责人的反对,让他继续在店里工作,但从他的工资里扣钱进行赔偿。专家劝告过齐默,说这个小偷可能还会再偷(他确实又偷了钱,后来被解雇了)。但齐默说,丢失了钱对于保存获胜的企业文化来说,只是一个小的代价而已。

告诉员工他们该做什么，
而不是仅仅告诉他们不该做什么

经理人常常可以通过他们自身的行为来加强员工对于风险界线的理解。有些公司发现，提供书面指南，确切告知哪些行为不能被接受，也十分有用。但最为有效的方法是提供员工应该承担的常规的、醒目的风险类型。例如，男性服饰公司在全公司范围内重磅推出了一项名为"多走一英里"的鼓励计划，旨在让员工试验那些以前从未尝试过的想法。凭借该计划，公司把"包容错误"的管理方法全面铺开。

此项计划每个季度给出一周的额外假期，促进最佳应用措施的发展和转变。每个将要参与计划的人都会得到一件"多走一英里"的T恤，并把他或她的名字写在上面。"这对我们公司来说有着重大影响，"齐默说，"而我们所做的只不过是给四星期的假期和一些T恤罢了。"

使用设定里程碑的方法
来使财务风险最小化

需要冒着风险着手一项业务的时候，最棘手的事项通常都会涉及作财政决定,比如是否应该开展一轮造价昂贵的新营销运动、是否应该在产品开发上付出努力等等。车库科技创投公司(Garage Technology Ventures)首席执行官盖伊·川崎(Guy Kawasaki)推荐说,在这种情况下,经理人可以使用"设立里程碑的方法"。应该告诉员工,让他们把所有大的、有财务风险的想法分为数个阶段,按照搭积木的方式一步一步实施各个阶段的目标,从而检测他们的设想是否正确。

"也许有人会有耗资一千万美元的创意,"他说,"但如果在原始阶段花费了20万美元后你看看自己正在做什么,停下来检测一下一路走过来的每一步,这时你就能够把导致失败的风险降低到最小程度。你还是会遇到失败。但它们都比较小,同时它们也是吸取经验教训的好途径。实际上,这些小错误要好多了,因为虽然犯了这些错误,但公司仍然会给你机会。"

在需要承担风险时,川崎说,经理人所能给员工提供的唯一最佳指导就是清楚地告诉员工,希望他们像对待自己的资金和名誉一样对待公司的资金和名誉,同时,让他们知道适当的风险和错误不会对他们的事业有致命的影响,只要他们是站在顾客的角度来创新的。然后,他补充道,你要真正把这当一回事去做。

6. 左右开弓的创新

洛伦·加里

6. 左右开弓的创新

洛伦·加里

我们回到20世纪60年代,当时日本的精工公司(Hattori-Seiko)在世界钟表业还是一个无名小辈。但正如迈克尔·L. 图什曼(Michael L. Tushman)和查尔斯·A. 奥赖利第三(Charles A. O'Reilly III)在《创新制胜》(Winning Through Innovation)中讲述的那样,精工Seiko在石英技术上赌了一把,这种技术造价低廉,是机械运动的另类选择,后来成为了垄断性技术,并且实现了自我转型,"从单一的机械表公司转变为经营石英表和机械表的公司。"

这个举动为该行业打开了新的局面:随着石英技术成为行业的标准技术,精工和日本的其他公司兴盛了起来,而瑞士的公司却饱经磨难。"到1980年,瑞士最大的钟表公司,瑞士钟表业制造协会(SSIH),规模不到精工的一半。"图什曼和奥赖利写道。

精工的故事印证了人口生态学家迈克尔·汉南(Michael Hannan)和格伦·卡罗尔(Glenn Carroll)的结

论。他们找到了企业组织进化和间断性平衡（根据某一理论,这个概念用于描述生物进化）之间的相似之处。生命形态和企业组织是相似的,图什曼和奥赖利写道,所以它们的模式都是"长期渐进性的变化,被分隔成变革性的或间断性的变化"。那些对策略和组织作出调整以适应某种市场或者竞争环境的企业将繁荣起来。但出现较大的中断局面时,经理人面对的是"要重建组织以适应新环境的挑战。试图通过渐进性改变来适应这种中断性局面的经理人,不可能获得成功"。

然而,自大萧条以来,随着美国经济历经历史上最长的低迷时期之一,许多公司集中精力维持短期收益,因而预见不到为长期发展作计划的必要。渐进性的进步会使底线企业得到迅速的发展,但如果把精力集中在渐进性的进步上,公司往往会忘记关注那些可以给市场或者行业带来革命的进步。

但是,仅仅选择一种创新形式是不够的,图什曼和奥赖利坚信这一点。要想获得成功,你的公司必须"左右开弓",你要能够管理不同的"创新流"：一手抓"渐进性创新",让公司在短期内通过提高效率变得更具竞争力；一手抓"架构创新"（重组现有技术）和"间断性创新"（包括核心子系统或革新型创新过程中的新的操作原则）,它们确保公司能获得长期成功。

渐进性的威胁

许多专家认为,进入创新阶段后,企业的缺点源于思考不够超常或没能完全"跳出盒子"不拘一格地思考。事实上,在大部分功成名就、代代相传的企业中,这种情况远比企业自身意识到的要多。另外一些专家说,企业在创新方法上不够深思熟虑,它们等着下一个大的想法自己现身,而不是设立机制或进程来帮助企业把创意搬上市场。但是,就渐进性创新而言,龙头企业都会做好相当完备的计划工作。

"采用建立文件夹的方式,龙头企业不仅仅关注处于发展阶段的产品,还关注现在正处在市场阶段的产品,以及那些处于生产循环端口的产品。"产品开发和管理协会(Product Development & Management Association)的主席鲍勃·吉尔(Bob Gill)说。"那样,它们才能更好地了解现有生产线的预期收入目标是什么,从而决定它们需要在创新中获得多大的增长。它们也可以用这种方法有的放矢,确认新产品的机会所在。它们关注生产线、企业核心能力、市场、擅长的技术等因素和目前市场的状态——看哪些市场是饱和的,哪些市场是增长的——从而找到创新的最佳领域。"

真正的问题不是缺少系统和流程,图什曼和奥赖利说,而是渐进的过程容易窒息具有间断性和架构性的想法的趋势。间断性的想法需要从过去给市场带来渐进性想法的进程中获得单独的、截然不同的流程。因此,确定一个想法未来将是非渐进性的(即间断性的或架构性的)还是渐进性的,然后把该想法放到恰当的流程中,这是一个挑战。恰当的流程能让想法看到希望。

但这里也有一个大问题:渐进性的创新文化常常会在制度上针对架构性和间断性创新文化制造一种敌意。企业内部产生短期成功的非常组织联盟,通常会导致一种结构惰性,这种惰性破坏了企业迅速改变和调整的能力。实际上,架构性和间断性创新流与渐进性创新流之间有着很大的不同,因此,一些顶级专家建议渐进性和非渐进性创新流应该在拆分后进入各个企业组织。

然而这种公理似乎正在发生变化。如果你能区别渐进性想法和非渐进性想法,并且开辟出独立的通道来形成和发展这些想法,那么,让同一个管理团队监控两种创新流,明显优于拆分出非渐进性创新流,并让其他的团队来监控它们。尽管这需要将来建立"多层次的内部间断性构架、能力和文化"。这样不但能在同一个组织结构中完成、改善和革新你的工作,而且一种创新流为另一种创新流"授粉"的机会也增加了。

经营同一组织结构中的所有创新流让你能对
顾客、技术和基础设施加以利用。

多种创新流,一种结构

1981年,视康公司(Ciba Vision)成为美国隐形眼镜市场的第27个入市者,到1995年时它拥有6 000名员工,并奋力夺得了隐形眼镜、镜片护理和眼科用品(与视力和眼部保健有关的药品)市场的国际领先地位。在首席执行官格伦·布拉德利(Glen Bradley)的领导下,该公司意识到目前的产品不够维持其在市场的领先地位。对此,视康公司作出回应,它投资改善渐进性的产品和流程,捍卫公司在常规的软性镜片和镜片护理产品的市场地位,与此同时,它还利用这些改善所带来的利润为三个独立的团队提供资金。这三个团队致力于具有替换公司现有产品和流程的潜能的间断性创新。

在隐形眼镜市场,一个团队着手开发"一种全新的连续生产流程以大幅度削减生产即弃型软性镜片的成本,"图什曼和奥赖利写道。另一个团队着手研制"一种全新的隐形眼镜,这种眼镜可以带上整天整夜都不用摘下来"。这些团队成员来自研发、诊断和管理、工程、生产、营销、财务等不同的部门,"由几个能力强的项目经理共同定位、领导,并且可以脱离企业组织的其他部门独立工作。"同样,在眼科的市场,公司也设置了一个团队,负责开发一种名为维速达尔(Visudyne)的间断性眼药产品,这种产品和激光疗法相结合,能够治疗与年龄相关的黄斑变性。

尽管这些团队被赋予了很大的独立性,但单独的经理团,布拉德利和手下的高级成员,监控着一切进展。图什曼在最近的一次采访中说,在一个组织结构上不断地进行间断性实验,让视康公司可以利用现有的客户基础。例如,如果长戴型隐形眼镜和较为便宜的即弃型隐形眼镜被放在同一家衍生产品组织中,那么新入市的公司将更难接触到已经和视康公司建立起密切关系的客户。

同时经营同一组织结构的两种流程,使你"不仅能把顾客利用起来,而且还可以把技术和基础设施也利用起来",然而如果你把非渐进性的想法拆分出来,放到另一个独立的组织中去,那么,你对上述因素的利用就不可能达到同时经营两种流程时的程度,图什曼接着说。事实上,只要你的管理团队能够区分渐进性想法和非渐进性想法,并能把它们放到不同的发展渠道上,"那么只有在没有什么好利用的时候,才是你应该拆分出非渐进性创新的唯一时机。"

异花传粉的好处

　　把渐进性和非渐进性创新流放到同一个组织结构中的另一个优势必定与创新自身通常不可预见的性质有关。

　　"你正在试图解决的问题的解决方案通常都处于垄断模式的边缘，或者在酝酿过程中。"埃森哲公司战略变化研究所（Accenture's Institute for Strategic Change）的高级研究员罗伯特·J. 托马斯（Robert J. Thomas）说。"变换游戏的想法很少会在需要它的那一刻出现——它常常会出现在问题表露出来之前。所以，你不得不一面关注主要趋势，一面关注外围，注意与你的业务相关的事情。"因此，当你让同一个团队管理两种流程时，渐进性创新流为非渐进性创新流提供信息的机会就会增加，反之亦然。

　　经营化工用品的卡博特公司（Cabot）就是"异花传粉"的一项例证。"在文化上它已经对创新过敏了，"托马斯说。在首席执行官萨姆·博德曼（Sam Bodman）的领导下，20世纪90年代中期卡博特开始使用先进的电脑模拟方法进行实验，试图用现有的设备制造出不同尺寸和颗粒的分子，然而它现有的设备是用来生产同一尺寸和颗粒的分子的。尽管这个实验最初涉及渐进性创新,并尽可能地利用现有的技术,但它却带来了一些通往非渐进性的可能性的发现。

比如,卡博特意识到,过去一直作为橡胶产品的强化材料钽有一些非凡的特性:它很轻,延展性非常好,抗热,非常适于极小化。管理层考虑到该元素具有其他可能的用途,意识到钽可能成为硅的廉价替代品,用于制造印刷电路板,因此,最终管理层致力于开发微电子的应用。

突然出现的紧张局面

要想获得左右开弓的创新带来的优势并不容易。即使像温迪高软件公司(Vindigo)那样的小型新建公司,也能感觉到经营公司传统产品(个人数字助手的应用软件)的流程和经营未来方向产品(无线电话的应用软件)的流程之间的紧张气氛。"渐进类型的和革新类型的文化之间的紧张局面会突然出现,"温迪高公司的首席执行官兼总裁贾森·德维特(Jason Devitt)说。"比如,按照渐进性方法来进行市场测试,只有从客户群那里了解到他们确实需要新的产品特色后,你才能增加一个新的特色,这种方法与你接触突破型产品的方法背道而驰,因为你无法测试这种产品。但是,这些紧张的局面被我们的小规模化解到最小。我们只有35名员工,每一个人仍然有可能接触到我们所有的产品。"工程师、市场营销员和业务开发之类的人员都能在渐进性项目和革新性项目之间游走。

> 高级团队必须能够用一贯的
> 方法处理创新流中的矛盾。

然而,对于那些已经建设完备的企业,这种紧张的局面就被放大了。大部分大型组织倾向于擅长处理某一方面,要么是渐进性的创新,要么是革新性的创新,无法做到两者都擅长,埃森哲公司的托马斯说。例如,在医药行业,强生公司建立了分散的结构和高度商业化,因此它容易在渐进性创新上取得较好的成绩,托马斯继续说。"而默克公司,建立的是集中的结构,评估创意的时候采用的是学术性的、同行评价的流程,因此它在突破式创新上有较好的成绩。尽管默克办事不快,它的同行评价流程却能让许多的员工运用知识解决问题。因此,默克善于把以前没有联系起来的想法联系起来,而在强生公司,员工却不太可能了解企业组织的其他部门在忙些什么。"

渐进性和非渐进性创新要求企业要有相应的文化和能力,所以管理截然不同文化和能力的高级团队必须像魔术师一样,一下子要让好几个气球出现在空中。图什曼和奥赖利写道,对于它们而言挑战在于,"创造出并存的、高度分型化的、高度一体化的组织。"区分各个单位相当容易。达到一体化却不这么简单；要实现一体化你需要四个因素：

> 一种清晰、有吸引力、始终如一的视野。获得集体价值认可的能力有助于你为多种组织架构提供动力和方向，这个过程"既不显得混乱，也不会出现更糟糕的言不由衷情况"图什曼和奥赖利写道。在视康公司中，领导层"一直都在关注帮助人们为生活关注眼部健康的搭桥任务，从而在勘探性创新和开发性创新之间搭建了一座桥梁。"图什曼说。

> 一个具有多种能力的高级团队。"处理左右开弓型组织的不同需求，有助于执行团队的一致化和多样化，"图什曼和奥赖利说。"团队在服务方面非常相似的时候，误解和不一致的假设就减少了。但是出于对背景和前景的考虑，这种一致化需要与多样化相互协调沟通。"

> 一些贯穿所有创新流的简单的核心价值。《今日美国》(USA Today)开办 www.usatoday.com 的网站提供即时新闻时，提供书面稿的记者忐忑不安，担心他们报道的事件会被网站抢先登出。然而，两个团队所认同的公正、准确、可信的价值观帮助总裁和出

版商汤姆·柯利(Tom Curley)克服了这种紧张,图什曼说。

> 一个针对所有高级团队经理人的共同命运的奖励机制。这有助于"确保团队成员致力于维持勘探和开发之间的平衡,把两者当做两种同时需要的因素,而非两个相互权衡比较的因素。"图什曼说。

"一个了解这些因素的高级团队,"图什曼总结道,"是理解分歧流程需要的团队,能够用一贯的方法处理矛盾——也就是,包容短期获利和长期创新之间的矛盾。"

参考阅读

Winning Through Innovation: A Practical Guide to Leading Organizational Change and Renewal by Michael L. Tushman and Charles A. O'Reilly III (2002, Harvard Business School Press)

第三部分

拾 测一个想法的潜能

一旦你已经形成了一些看上去前景可观的想法，你就需要测定在这些想法当中哪些最有可能在市场上获得成功（如果它们是产品或者服务的话），哪些最有机会产生你的企业正在寻找的效率（如果它们是流程创新的话）。本部分中的文章在这方面提供了有用的指导。

例如，你会读到有关具体标准的文章。为了在市场上获得成功，一项新的产品或服务必须得符合这些标准，比如，容易购买和使用，还有比竞争对手提供的产品或服务带来的好处更大等等。你也将学会如何从"想法检测"的预算中攫取最大的价值，比如，让客户参与一个产品的草图或原型设计，从中你会得到最精确的反馈。另外，根据搜集到的反馈意见，你可以得到一些启发，从而完善有前景的想法。最后，你将发现启迪性的办法，根据对你的新想法竞争对手可能作出的反应预测或反击。

1. 你能确定稳操胜券者吗?

埃里克·曼金

1. 你能确定稳操胜券者吗?

埃里克·曼金

2003年8月,强生公司经美国食品药品管理局(U. S. Food and Drug Administration)批准销售独立技术公司的iBOT 3000 Mobility System智能轮椅。这是一种与塞格威人力运输滑行车(Segway Human Transporter)的发明者迪安·卡门(Dean Kamen)合作开发的电动轮椅。正如介绍所说的,这种轮椅受到了极大的关注,因为它能做一般的轮椅不能做的事情:它可以爬楼梯,可以在凹凸不平的地面上行动,可以爬上路缘,也可以直立起来,把使用者升到与站立着的人眼睛齐平的高度。

大约在一年以前,iBOT刚刚面世时,它的这些特色功能给人们留下了深刻的印象,同时它也是绝无仅有的。强生公司花费了八年的时间,投资一亿五千万美元在市场上推出了iBOT,并且建立了一家用于推动其销售的新公司——独立技术公司(Independence Technology)。

投入这么多值得吗？新闻头条可能会说值得，但是它们报道一切了吗？2001年以来，我一直在研究创新产品和服务的前景，现在已经研制出一套四个方向式标准，它们可以帮助企业评估和改善新产品和服务获得成功的可能性。照这些标准看来，iBOT的前途坎坷。运用这套标准框架可以帮助你预测将要开发的产品或服务的前景。

绘制产品优势的地图

我的办法是，把产品和服务同目前可以获得的产品和服务进行比较。比较的结果是得到一张关于该产品在市场上的相对优势的地图。这项工作最初起源于克莱顿·克里斯滕森所研制的工作框架，其绘制地图的核心思想是，"顾客购买产品，其实是'用'产品去做一件事情。如果可以让客户更加容易地完成他们过去一直都努力在做的事情，公司就成功了。"克里斯滕森说。

换句话说，一件新产品或者一项新服务如果与现有产品相比，能更好地满足目标客户群的需要，它就会成功。但是，"做得更好"实际上有四个方向。如果一个新产品或一项新服务能够同时在这四个方向超越现有产品或服务，我们就能保证目标客户群会购买它。

这四个方向分为两类：购买动机和购买障碍。新

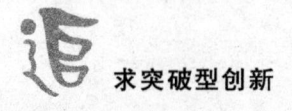

产品必须在以下几点有所超越：

1. 拥有高的购买动机

    A. 它必须比现有产品便宜（价廉）。

    B. 它提供的特色功能必须比现有产品好（物美）。

2. 清除购买障碍

    A. 它不能有任何转换或调适标准的成本（使用方便）。

    B. 它必须随处可得（购买方便）。

满足上述四个条件，顾客就会购买产品或服务，因为这里只有益处而没有障碍。新产品越能满足四个条件，它就越有机会成为赢家。当然，如果满足这些条件有利可图，创新就能获得财务上的成功。下面的图表"稳操胜券者"用图表阐释了稳操胜券的产品的特征。

图 3-1 稳操胜券者

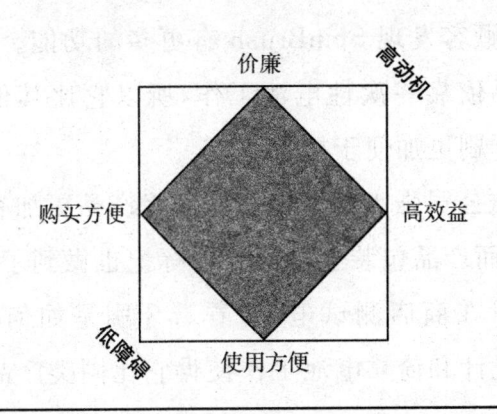

（图：菱形图，四个顶点分别标注"价廉"、"高效益"、"使用方便"、"购买方便"；四条边外侧分别标注"高动机"、"低障碍"）

事实上，很少有哪个新产品能同时在四个方向都超越旧产品。然而，有时候也有公司能够成功地创造出几乎能实现这一切的产品。

电动牙刷 SpinBrush：一个聪明的赢家

2001年，宝洁公司（P&G）开始经营便宜的佳洁士电动牙刷 SpinBrush 的生产线。到 2002 年，SpinBrush 已经成为了美国市场上销售最好的电动牙刷。该产品的市场份额得到了增长，在不到 24 个月的时间里为宝洁公司带来了超过两亿美元的年销售量。

运用四个方向的测量模式很容易看到 SpinBrush 与其他电动牙刷相比的魅力所在。价格低廉是主要的购买动机。竞争对手的电动牙刷零售价每把超过 50 美元，而依照模式，SpinBrush 定价最高达 5 美元。另外，许多顾客发现 SpinBrush 有更多的功能。比如，由于该产品依靠一次性电池工作，所以它比其他大多数的电动牙刷更加便于携带。

宝洁公司强大的分销能力使得产品更加容易被顾客购买，而产品包装上"试用"的标记也做到了这点，购买者可以在商店测试电池，看看牙刷是如何转动的。直立式设计和倚靠电池工作使得它比同类产品更加便于使用。

有了这种基本条件，该产品在市场上获得成功的可能性就非常大了。市场研究也支持四个方向的测量模式所作出的预测。第一个研发出 SpinBrush 的企业家后来把公司和产品都卖给了宝洁公司,他在中西部的折扣连锁店梅杰(Meijer)对 SpinBrush 进行试销,结果那里 SpinBrush 的销售量几乎是销量最好的普通牙刷的三倍。当宝洁公司用群体专题小组讨论的形式对该产品进行检测时,参与者没有不喜欢它的。(见图3-2电动牙刷 SpinBrush)

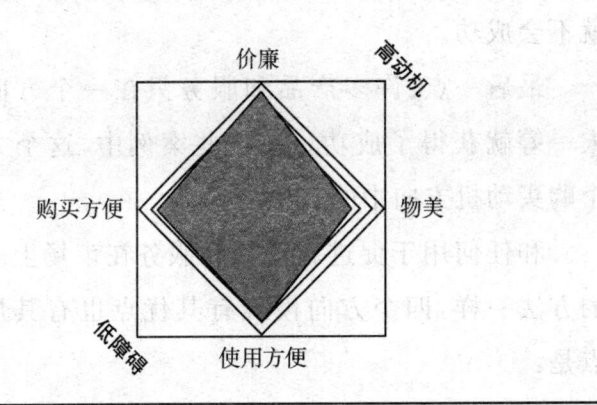

SpinBrush 的成功并不奇怪。如果你能推出一款在本模式四个方向都胜人一筹的产品,你的产品也会稳赚不赔。

图3-2 电动牙刷 SpinBrush

细则与局限

按照规律,拥有动机(价廉而物美)要比消除障碍(容易购买而容易使用)更重要。成功的必要非充分条件是,一件产品至少要在一两个方面的吸引力异常卓越。例如,许多拥有超级表现的产品尽管要比市场上同类其他产品要贵,但它还是获得了成功。

然而,即使一个产品或服务在一两个方向动机上胜于其他产品,它也有可能因为较高的使用障碍而无法成功。有一件事情是确定的:如果一件产品或一项服务的表现要比现有产品或服务差,而且价格更高,它就不会成功。

最后一点:许多产品和服务只在一个方向做到胜人一筹就获得了成功。在这些案例中,这个方向是两个购买动机方向中的其中之一。

和任何用于促进新产品和服务在市场上取得成功的方法一样,四个方向模式有其优点也有其局限。优点是:

1. 它能够利用手头的资料进行评估测量。这个框架可以和定性的和定量的资料一起使用,对于各种层次都十分有效。

2. 它能够提供基础,让生产意图清晰化。这个框架可以作为一个机制使用,确保生产系统的意图和设计之间的一致。

3. 它能对不同的产品和市场直接进行比较。这些评估历史可以作为一种机制,系统地促进产品和服务在一个行业内获得成功。

毫无疑问,这种方法最大的局限在于,它没有涉及位于新产品或服务之下的商业模式。然而,如果这种测量方法表明你已经得到了一个前途光明的产品,至少你会知道下一个出现的大挑战是什么。

优诺(Upromise)

上述的一切都说明了为什么优诺可以作为一项服务获得巨大成功。优诺是一项积分联盟投资服务,它从会员顾客所付款额中拿出一小部分用作大学教育基金。因为它满足了三个最重要的客户需要,所以获得了成功。然而,如果非得组建直销团队,它可能会成为一项失败的业务。

正如你能在四个方向模式中看到的那样,这个产品在该框架中的三个方向表现都很好。(见图3-3优诺)

然而,这项服务或多或少购买起来十分不便。你必须在优诺的网站上注册信用卡和购物卡,然后开设一个529教育储蓄账户。因为回馈的方法有多种,所以要想从优诺那里做到投资物有所值,你得非常注意细节。

图3-3 优诺

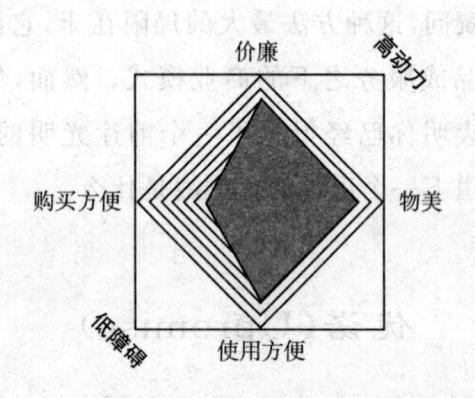

```
         价廉
              高动力
购买方便       物美
   低摩擦
      使用方便
```

　　这个过程十分复杂。运用四个方向模式观察所得的一个洞见是,优诺如果想增加成功的机会,它需要把出售服务的过程变得更加简单。委托一个销售力量来帮助潜在的顾客注册获得服务,这一步将会加强在这个方向的服务质量。但是,它的商业模式可能支付不了人力销售所增加的成本。

　　在理解这个框架的参数的基础上,我发现,四个方向模式不但对于设计产品十分有效,它也是预测这个产品的成功程度的有效工具。让我们回到文章开头讨论过的例子吧,去看看这个基准测试过程能提供什么样的洞见。

强生的 iBOT 3000：物美、高障碍

目前，iBOT 3000 对本框架提出的四个问题回答错了三个。虽然，它可以作为一种今后进一步发展的前沿产品，但眼下它前景黯淡。

1. iBOT 的价格是现有同类产品的 10 倍。iBOT 目前定价是 29 000 美元。最新式样的装有发动机的轮椅价格从 1 600 美元到 7 500 美元不等。保险公司现有的政策将是购买该产品的一大障碍。（见图 3-4 iBOT 3000）

图 3-4　iBOT 3000

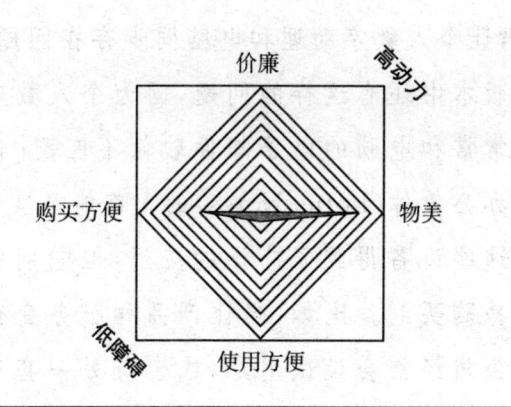

做到一个方向杰出：奔迈掌上电脑（Palm）

1996 年，第一台奔迈掌上电脑（PalmPilot）上市时，销售额不足 5 000 万美元。2000 年 6 月，其销售额达到了 10 亿美元，个人数字助理（PDA）诞生。

早期的个人数字助理在"四个方向模式"里表现并不太好。这些设备所提供的一系列特色功能在市场上尚不可得（例如和电脑同步的功能），但其成本却是它们所要替代的纸张记事簿的十多倍。

更有甚者，使用这些设备也有很大的障碍：

➤ 它们使用起来很困难——把资料直接输入奔迈掌上电脑要求使用者学会使用一种被称为涂鸦的手写识别系统。

➤ 过去，让个人数字助理和电脑同步存在问题，目前在新的版本中还有这样的问题，因为个人数字助理的软件常常和电脑的电子邮件软件不匹配[任何使用莲花办公软件（Lotus Notes）的人都能证实这一点]。

➤ 虽然这些设备得到了广泛的应用，但它们并不是特别容易购买到。比如，想让产品和服务变得容易购买的公司经常会设试用期，或者与另一套产品捆绑销售[就像直觉公司（Intuit）在推行其产品 Quicken 和 TurboTax 时所做的一样]。

奔迈掌上电脑在"四个方向"的模式中大体情况如

下(见图3-5奔迈掌上电脑)：

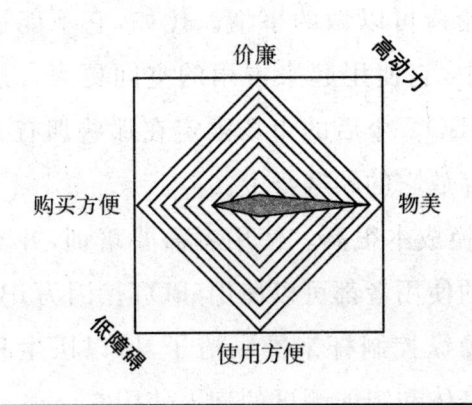

图3-5　奔迈掌上电脑

```
         价廉      高劲力

  购买方便           物美


    低障碍    使用方便
```

即使大体情况是如此之差，奔迈还是获得了巨大的成功，在个人数字助理产品方面领先一步。

和最初的奔迈大体情况相似的新产品有很多很多，例如吉列(Gillette)公司推出的电池驱动式电动剃须刀——M3威力剃须刀(M3 Power Razor)。这类产品保证具有较高的性能，但出售的价格也较高，而且使用者享受其益处之前必须接受培训。有时候(如奔迈)，这些产品也会成为赢家。但是更多情况下，它们无法克服自身设计中早已存在的成功障碍。

2. iBOT的好处很多，但它们也被打了折扣。早期产品的一个检测者，里奇·芭芭拉博士(Rich Barbara)发现自己开始怀念普通轮椅了。2001年，在对iBOT进行了一次短期的试验后,他对《纽约时报》(New York Times)说:"两周的试验结束后我很高兴。"他的理由是:虽然 iBOT 可以做普通轮椅不能做的事情,它也不能做普通轮椅可以做的事情。比如,它不能被塞进一辆小汽车中,它使用起来占用的空间更大。这些不利点将会把 iBOT 今后的市场限定在那些拥有大车和足够大空间存放它的顾客身上。

3. 转换成本很高。使用者需要培训,并不是所有现有轮椅的使用者都可以使用 iBOT。因为 iBOT 要求用一只手操纵控制杆来操纵椅子,所以医生只能让那些通过了身体和智能测试的病人使用它。

4. 现在所能获得的该产品也是有限的。虽然强生公司有很好的分销系统,但我们可以预测该产品不可能立即达到随处可得的程度。该公司在美国 10 家诊所展示了这种轮椅。

所有大型的创新都是挑战。仅仅建立在可能性上,一个创新成功的机会不到十分之一。这里我所探讨的简单框架在两个方面十分有用:在开发早期评估新产品或新服务的成功潜能,确定新产品或服务在何处可以得到改进来增加成为赢家的机会。

2. 如何下大注

斯科特·D. 安东尼

马克·W. 约翰逊

马特·艾林

2. 如何下大注

斯科特·D.安东尼 马克·W.
约翰逊 马特·艾林

你有三种潜在的创新方式，它们都很有希望。但是你手头的资源只够实行其中的一种。你会选择哪一种呢？

未来的改革家明白，他们最大的挑战之一就是系统地确定那些最有可能带来突破型增长的创新。如果选错了，就会浪费一年的时光，或者浪费更多的精力和投资。

好在选择正确的创新方式不必再依靠抓阄般的运气。通过进行一系列的诊断，无论何种行业的公司都能很快地确定最具潜力的机会。本文展示了如何利用客户、文件夹、对手等分析法来查明潜力最大的机会在哪里，找到最佳的商业模式，从而将这些机会运用到市场上。（见图3-6突破型诊断法，该图介绍了针对每一种症状所要实施的关键任务。）

尽管本文线性地提出了三种诊断法，这三种诊断法却很少线性地发挥作用。寻找突破型机会的团队和个人可以从它们当中的任何一个着手。诊断的结果通常会让创新者回头再次寻找其他的机会。虽然这样，目标却是不变的：找到可以让你的公司走上突破型增长之路的选项。

图3-6 突破型诊断法

顾客诊断法
- 确定当前潜在的市场或部分
- 寻找市场"可突破"的迹象（特别是在享受服务过火的顾客和未享受过服务的消费者身上寻找）

文件夹诊断法
- 确定当前或潜在的创新（比如，截获目标）
- 评估当前或计划中的创新进展；确定可塑的机会

确定筛选机会和目标顾客

对手诊断法
- 对现有的和潜在的对手进行评估，确定其优势、弱点和盲点所在

顾客诊断法

这种诊断法对客户进行评估以确定市场中"可突破的"部分。实施这种方法需要寻找一些迹象，即特定的顾客群要么享受服务过头，要么是还没得到满足的、没有享受服务或产品的消费者。

享受服务过度的顾客虽然消费了产品或服务，但

他们并不需要所有的特色和功能。下面三点能表明该顾客群的存在：

1. 人们抱怨产品和服务太贵、太复杂。

2. 产品的特色不受重视，因此也没得到使用。

3. 曾经创造过价值的创新的溢价收益减少。享受服务或产品过度的顾客会说："我当然会买下一代的产品，只是我不想再多付钱而已。"例如，据2004年1月2日《华尔街日报》(Wall Street Journal)的一篇文章报道，大型企业越来越不愿意付钱购买昂贵的升级软件程序。这表明，目前软件供应商在此市场上为不断增加的顾客提供的服务或产品过度了。

你应该到哪里去找享受服务或产品过度的消费者呢？最明显的一个地方就是你已有的客户群。如果你发现自己的客户群里有这样的顾客，就应该立即削减在产品或服务改进方面的投资以免服务过头，因为顾客不会重视这些改进。更紧要的是，你需要考虑超越自我，因为这样下去对手可以在这个领域对你发起突破型的进攻。

相邻的市场是你寻找享受服务或产品过头的消费者的下一个地方，竞争对手在那里也有服务过头的顾客,这样他们可能为你发起突破型攻击创造一个缺口。

公司应该如何确定顾客的确是享受服务或产品过头了呢?走访顾客。分析利润率和定价的走向。阅读行业杂志的产品评论。应急的市场调查也能帮助确定顾客享受服务或产品过头的程度。

另一组需要寻找的顾客是没有享受过产品或服务的消费者,他们通常是以下分类中的一种:

1. 缺乏专门技巧或训练的顾客,他们不得不求助于专家解决重大问题。

2. 缺乏足够财富入市购买新产品的顾客。

3. 只能在集中的地点或不方便的条件下使用一项产品或服务的顾客。

因为没有享受过产品或服务的消费者没有能力、经济实力或途径方便快捷地来自己完成重要的工作,所以他们通常不得不雇用他人来为自己办事,或者不得不用凑合的办法将就一下。

每个市场都有没有享受过产品或服务的消费者。已经完善的市场是寻找没有享受过产品或服务的消费者的首要地点,这一点千真万确。对产品或服务的传送链作出描述,可以找到一些机会,即移开传送链的某个环节就可以让那些以前不得不依靠别人来办事情的人现在可以亲自去做这件事情。保健行业中到处都是这种未曾消费的情况。通过弄清楚哪些重要的事情是消费者想要做好，但目前的方法又无法完全解决的，也可以找到未曾消费的情况。仔细观察消费者、进行调查、主办专题小组讨论，就可以找到这种事。

你应该到哪里去找享受服务或产品过度的消费者呢？最明显的一个地方就是你已有的客户群。

要注意的是：了解人们为什么不消费这一点十分重要。有时候他们只是因为手头没有需要想方设法完成的事情。比如，许多人都买得起个人电脑，但却选择不买，因为对他们来说，没有什么事情重要到非要借助电脑的帮助来完成不可。

文件夹诊断法

文件夹诊断法可以用来评定当前或潜在的任何一种创新（比如，那些产生诱人创新的新想法或截获目标）是否能够用一种成功满足可突破型顾客群的需要的方式展开。这种诊断法涉及观察创新的技术特征和观察令创新走入市场的潜在商业模式。（见图3-7文件夹诊断法）

低端突破型创新以为享受服务过度的顾客提供足够多的产品功能作为低价的回报，从而满足他们的需要。按照传统的测量法来看，此类突破型创新的技术提供了"足够好的"性能，并且得到了商业模式的论证，这种商业模式以低廉的价格产生出可观的经济回报。折扣航空公司、折扣零售商和指数基金都以较低的价格向服务过度的顾客提供"足够好的"性能，从而实现增长。

图 3-7　文件夹诊断法

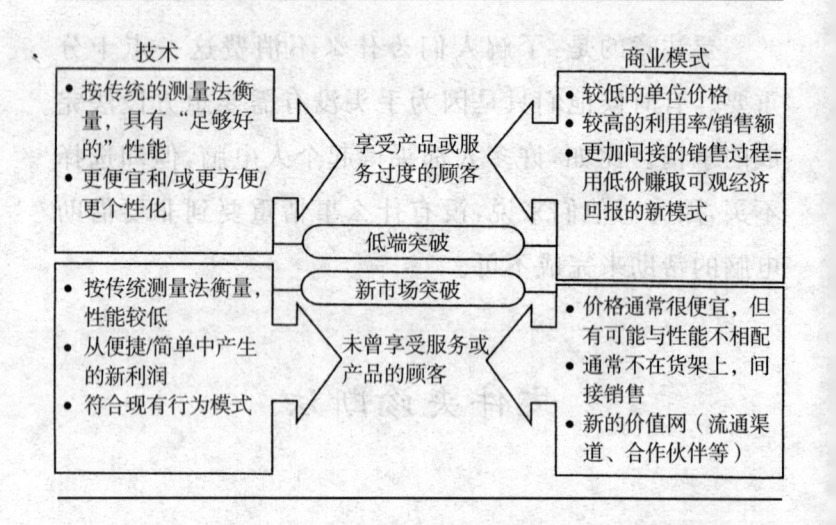

技术		商业模式
• 按传统的测量法衡量，具有"足够好的"性能 • 更便宜和/或更方便/更个性化	享受产品或服务过度的顾客 **低端突破**	• 较低的单位价格 • 较高的利用率/销售额 • 更加间接的销售过程=用低价赚取可观经济回报的新模式
• 按传统测量法衡量，性能较低 • 从便捷/简单中产生的新利润 • 符合现有行为模式	**新市场突破** 未曾享受服务或产品的顾客	• 价格通常很便宜，但有可能与性能不相配 • 通常不在货架上，间接销售 • 新的价值网（流通渠道、合作伙伴等）

新市场的突破型创新让没有享受产品或服务的消费者能够更加容易地依靠自身完成重要的工作，两者因此联系在一起。这种创新的技术按照传统的测量法测量，性能相对较低，但它却从完全符合顾客的行为模式和轻重缓急的便捷、个性化和简单化中获得了新的

利润。这种商业模式支持新的收益，常以低价、全新的流通过程为特色，而其流通过程通常更为简单。

文件夹诊断法应该识别出促成创新的机会，因为流通几乎就是一种策略选择。企业可以通过增强某种创新对可突破型顾客群的吸引力来完善这种创新。它可以选择一种商业模式，而这种商业模式与创新的特点和目标顾客群的要求最相配。

例如，我们研究的一个电子公司，它认为自己已经拥有了新市场的突破型创新。它的这个断言有两个问题。首先，这个创新所产生的利润与该公司现有产品产生的利润相近，但价格更低。其次，该公司计划为要求最强烈的顾客提供创新，而这些顾客仍然对目前购买的产品的性能感到不满。

在这里，创新与配置互不相配，但这并不意味着创新应该被抹杀掉。通过顾客诊断法，该公司在相邻的市场找到了享受产品或服务过度的顾客，他们正在寻找价格更便宜但却"足够好"的性能。针对这些顾客，该公司把这个创新塑造为一种低端突破型创新。这种策略使得创新、目标市场和企业组织的能力这三者更为相配。

对手诊断法

第三种诊断法可以对竞争对手进行评估，从而确保能够找到机会充分利用对手的弱点和盲点。首先，它有助于估计对手是否会作出应激反应。其次，它可确定对手是否有实力作出有效回击。

正如克莱顿·M.克里斯滕森和迈克尔·E.雷纳在《创新者的解决方案：创造并维持成功的增长》（*The Innovator's Solution: Creating and Sustaining Successful Growth*）中共同讨论的那样，突破型创新入主那些先入市者被迫退出或者忽视的市场，依靠这种方式，它通常对"动机的非对称性"加以利用。浏览对手的收入报告、资产负债表、投资决策史和顾客信息有助于确定对于哪些拓展对手公司不会作出反应。

例如，企业常常不会在那些小得不能满足增长需求的市场上寻找机会。搜寻拥有高利润机会的高端市场，把最无利可图的顾客甩掉，他们通常会很高兴。

> 非对称的动机使得未来的变革者
> 能够完善自己的非对称性技能。

那些推介突破型创新的企业也倾向于创造非对称的技术。换句话说，它们开发出独一无二的能力去做对手无法做的事情。

你怎么知道哪些事情是对手可能无法做的呢？通过评估它的流程——互动模式、协调模式、交流模式以及决策模式，员工将资源转化为具有更大价值的产品或服务。公司的流程决定了其技术、力量，也决定了它的不足和弱点。为什么？当公司使用那些设计好用来做某件事情的流程去做别的事情时，这个流程往往会形成阻碍。

比如，一项用来创造复杂的高端产品的产品开发流程对于创造简单的低端产品并没什么好处。同样，一项涉及和经验丰富的顾客近距离打交道的分销流程，对大众市场的零售渠道也不会有利。

那么，关键在于确定对手有哪些流程、缺少哪些流程。流程是公司在一遍又一遍地解决同样的问题的过程中形成的。飞机制造商波音和空中客车必须协调复杂的供应网。强生公司必须让新的医药设施获得认可。宝洁公司必须制定出有效的产品营销计划。对于这些致力于成功的公司而言，它们必须开发出能反复解决这些问题的方法。它们需要流程来促成方法的形成。

找到一个公司已经成功解决的棘手问题后，你就可以深入了解其流程、其颇有成效的技术和潜在的弱点。这样的机会将要求你建立起潜在对手所缺少的流程。

在非对称的技术和非对称的激励之间有一个重要的联系。非对称的动机给未来的变革者时间完善自己的非对称技术。怎么做到的呢？即使对手在突破型市场的早期能够开发出所需的技术,成功竞争,对手也不会这么做。而未来的变革者成长起来后,就会增强自己的能力去做对手无法做的事情。对手今后的回击就此被拦截了,因为变革者积累了学问和知识。换句话说,非对称的动机发挥了盾牌的作用,企业可以利用它来形成非对称的技术。

比如,我们研究的一个化工制品公司,它意识到在发展中国家找到一条通往尚未成为其顾客的消费者的道路是实现突破型增长的门票。它进行了一场制程创新,这场创新能够很大幅度地降低其化工制品的成本。如果利用这项创新找到了发展中国家尚未成为其顾客的消费者,动机的非对称性将对它十分有利;它的对手没有兴趣去追逐那些在它们看来处于边缘的机会。此外,这家化工制品公司还必须形成能够进入新市场的独特技术;也就是说,与对手相比,它能处于经验曲线的上端,并能独享长期的优势。这种方法可以成为大型新增长行业的基础。

把三种方法放到一起

通过系统地实施这些诊断法,任何个人或团队都可以很快地确定在其领域哪些机会是最有希望的,是最值得额外关注的。(见图3-8探寻模式之概要)有时候,值得抓住的一两个机会特别明显。但大部分时间,一大堆看上去同样有希望的创意会同时出现。在这种情况下,创造一种衡量机制,让每个机会都能依照本文所讨论过的那些因素加以比较。

图 3-8 探寻模式之概要

挑选出一个高潜能的创新(或几个高潜能的创新),其……	
顾客	……和尚未成为其顾客的消费者所进行的一项重要而没得到满足的工作有关,或以低廉的价格给服务过头的顾客提供基本功能
技术	……与现有的技术相比,能提供新的效益和新的品质
商业模式	……用符合顾客行为且不符合竞争者的行为的方式开发技术,能够赢利
竞争对手	……与现有的和潜在的对手相比,利用了非对称性

确定最具潜能的机会之后,你要建立一种适合它的预备商业个案。这个商业个案应该包括目标顾客、所选的创新的特点、所提议的、使创新商业化的商业模式、预测的对手的反应。另外,在完善所选机会的同时,这个商业个案还应该强调需要涉及的关键未知因素。

有些企业历来在设定目标并购上做得不好感到十分沮丧,本文的诊断法对于它们同样有帮助。许多公司发现,大型并购通常能带来稳定的回报,但这些回报往往黯淡无光,而小型收购所带来的成果虽然非常不稳定,但偶尔也能产生一鸣惊人的效果。搜索那些与确定的突破型机会相配的小目标,从本质上来说,能避免过低的分销回报,使得企业能够在市场完全了解之前把握住突破型增长。

作为额外的奖励,这种分析也将突显出能找到持久的创新的机会,这可是大部分企业的活力的源泉,因为这些机会能使得现有的企业在已经获得立足之地的市场上得到发展。将会导致企业毁灭的是,试图把持久的创新引入突破型市场,或者把突破型市场带到持久的创新中。

严格地使用这三种诊断法有助于避免这种陷阱,能让企业系统地确定高潜能的机会所在,指出创新的计划布局和创新成功的决定因素之间的差距,并开创出新增长行业。

3. 有时候想法高远不等于产品成功

克莱尔·马滕斯

3. 有时候想法高远不等于产品成功

克莱尔·马滕斯

确定一个新的产品创意是否适用于市场，可能是一项耗资巨大、耗时漫长的任务。从利用原型进行概念测试到产品试验，整个过程中，你必须探察组织内部的反馈意见；从设计、研究和其他领域的合作伙伴那里获得反馈；最重要的是，你要从现有的或未来的顾客或者从两者那里得到反馈。你搜寻是谁的意见、你聆听谁的看法、你忽视了谁，这些将创造或者破坏你的新产品。

但现在较以前更甚的是，企业面临着巨大的压力，即使用于测试新创意的可得预算缩减了也得更快地拿出新产品。因此，对客户来说，削减预算相当具有诱惑力。"到了年底，许多客户都缩减了预算。"杰克·戈登（Jack Gordon），亚库调查精密研究公司（AcuPOLL Precision Research）的首席执行官说，"他们认为，没有经过造价 100 000 美元的测验，他们是不会冒着风险投入12 000 000美元的启动资金的。"

专家的一致意见十分清楚：如果你没有正确地对创意进行测试，到后来你可能就会后悔。但这并不意味着传统的测试模式没有巨大的改善空间。

在考虑如何测试最新创意时，问自己两个非常基本的问题是很有价值的，简·富尔顿·苏芮(Jane Fulton Suri)说。她在IDEO设计公司的旧金山工作室主持人力因素规律研究。为什么要测试？从测试过程中你希望获得什么？这些都是听起来非常基本的问题，所以许多公司都忽略了它们。相反，这些公司依靠已有的测试方法艰难前行，但这些方法只能确证其中的一小部分创意而已。富尔顿·苏芮的问题是在建议公司在更开放的风尚中思考创意测试：把测试作为一种获得有价值的信息的方式，了解关于未来产品和未来顾客的信息。

为了从企业的创意测试过程中获得最大的价值，请考虑以下最佳的实用方法：

1. 判定何时测试概念以及与之相对应的产品

在开发周期中，测试过早或过晚都会导致非常具有误导性的结果。因此，公司能够判定出，在创新过程

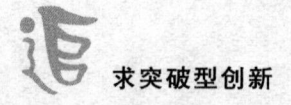

中的哪一点或者哪些时刻,产品创意可能会让顾客拥有精彩的经历,这一点至关重要。富尔顿·苏芮建议,在最初的几个阶段绘制一些产品创意草图用于文中,然后就这些概念与股东们进行探讨。"画出草图可以让人们自己设计,自己在图上添补,"她说,"这样更加具有互动性,并且提供了非常广泛的反馈意见。"

然而,早期的概念测试并不总会带来有用的结果,它取决于产品类型。以水晶百事(Crystal Pepsi)为例。20世纪90年代早期所有的创意测验都表明,被提议的这种无色饮料(公司将其定位为将占据可乐和柠檬酸橙汽水两者之间的市场的产品)将会大获成功,亚库调查精密研究公司的戈登说。因此百事公司一往无前地把该产品推向市场。结果,它一下子就砸了。为什么呢?因为顾客整体来说对这个产品的感受并非都是良好的,它并没有自己独特的口味。由于早期创意测验结果令人备受鼓舞,百事当时显然并没有以相似的热情继续测试。百事公司跳过了决不应该跳过的研发过程转而致力于营销该产品,结果,浪费了不计其数的资金。

2. 测试要早,要经常

一旦你开始制作产品原型,就要早测试,常测试,并且要果断地展示还未完成的模型。1998年，IDEO和柯达公司（Kodak）合作，共同研制该公司第一批民用数码相机中的DC210的界面结构。这种产品对于许多顾客来说还是一个非常新的概念产品，在对此类产品进行的反馈调查中，IDEO建造了一个比便携式相机的实际尺寸大三倍的原型。这个增大了的模型可以让顾客更容易地了解产品的特色，体验相机的不同按钮和功能。许多顾客把这个产品和普通照相机进行了对比，他们非常想弄清楚胶卷装在哪，胶卷还剩多少。这些有用的反馈表明，对于一架照相机来说，显示出还剩多少记忆容量是多么的重要。

"你越能建造新产品原型、展示原型，就越好。"肯·塔梅林（Ken Tameling），办公用品公司Steelcase公司负责座椅产品的集团领导人说。该公司为它的Leap活动办公椅产品设计的原型超过16种。椅子体验者试坐并倚靠着早期的椅子原型样椅时，Steelcase公司对他们进行了仔细的观察，从而和合作伙伴一同开发出了两种大大加强该产品的技术：靠背活动技术和自然滑动系统技术。塔梅林说：有了前者，无论脊背怎么动，椅背都能"随之调整、贴合脊背"，而后者在使用者向后靠的时候，能让椅子向前顶。

3. 寻找能增加独特价值的测试者

从对最初的活动椅原型的反馈到活动靠背技术，Steelcase公司了解到使用者可能需要分体式的上下后背控制器。为了使控制器更加符合人的自然反应，他们请密歇根州盲人协会（Michigan Council of the Blind）参与了该产品的实验。协会的反馈表明椅座所有的控制器都应该是桨状的，而靠背的控制器应该是球形旋钮。在此之前，Steelcase公司从未想到过这一点。

4. 倾听意外之音

德国消费产品公司拜尔斯道夫（Beiersdorf）曾经想生产一种含有反光因子的护肤乳，这种因子可以遮盖皮肤的不完美之处。"我们最初提出这个设想的时候，并没有谈到滋润肌肤这一点。"拜尔斯道夫公司市场研究经理吉姆·邓恩（Jim Dunne）说。但是在听了创意测试的反馈以后，他们了解到对于产品的目标顾客来说，滋润肌肤才是重要的。因此产品研发者重新调整销售的努力方向，加强该产品的滋润性。

妮维雅丝滑晶莹润肤乳液于2002年成功上市时，邓恩说，"这是我们所取得的一次巨大成功。它就是人们一直都在密切关注的理想产品。"

有见识的产品测试者在听取反馈意见的同时，也关注意料之外的观点和模棱两可的观点。他们会毫不犹豫地为了把问题弄清楚而进行探究。想想这个顾客的评价吧，IDEO的富尔顿·苏芮说："我需要用两只手来做这件事情。"这个评价可能理解为该产品需要两个手柄，或者也可以理解为单一的手柄设计不能很好地满足单手使用该产品的需要。

5. 维系情感保持安全距离

"有些人对自己的创意充满热情，固执己见，因此对于那些对创意唱反调的反馈充耳不闻。"宾夕法尼亚大学沃顿市场营销学院教授大卫·雷博斯坦（David Reibstein）说。

他强调了小蟋蟀吉米尼的许愿星牌早餐麦片这个例子。这种麦片品牌在1982年由宝氏麦片公司（Post Cereals）创立。尽管当时情况非常不利，公司的一位执行官还是极力支持该产品。小蟋蟀吉米尼是1940年动画电影《木偶奇遇记》（*Pinocchio*）中一个角色，他以片中演唱的《当你对星许愿》（*When You Wish Upon a*

Star)而闻名。这种麦片就是围绕这个角色创立起来的。20世纪80年代早期,孩子们根本不知道吉米尼是谁,因此"所有有关这种麦片的测试结果都是负面的。"雷博斯坦说。"那位执行官对此根本不在乎,因为他相信这个品牌会成功。"无需多说,许愿星牌麦片一经推出,就失败了。

在创意测试阶段,公司"必须得让创意面对质疑。"曾写过《有用的怪想法》(Weird Ideas That Work)一书的斯坦福大学的管理工程学教授罗伯特·萨顿(Robert Sutton)说。

6. 也要测试一下背景环境

你有了一个好主意,但你充分调查过产品是否会适合现有的市场环境吗?在你进行市场测试的时候,需要问的是:"这里有没有可能较难改变的流行范式呢?"富尔顿·苏芮说。她回想起研制双柄游戏操控器这个创新产品的情形。这种操控器的功能相当完美,但让IDEO和它的客户吃惊的是,它在市场上的销售情况却不佳。操纵杆是玩电脑游戏的流行范式,同时市场也没有尝试新设备的欲望。这个新产品的测试没有对它在目前市场情况下的受欢迎程度进行测试;它的测试过程仅仅是为了测试人们对实际产品功能的反馈如何。

7. 寻找没有经验的使用者

萨顿建议,对产品原型进行测试应该让那些对产品一无所知的人参与进来。"从来没有使用过该产品的非专业人士,能更好地指出该如何使用它,并能更好地估算出使用它所耗费的时间。"他说。萨顿引用了帕梅拉·海因兹(Pamela Hinds)的研究,帕梅拉是斯坦福大学管理工程学副教授,他发现对于使用移动电话具有中等知识水平或一无所知的人比电话设计者能更好地估计学会使用一项移动电话功能所需的时间。

8. 如果其他的都失败了,还是要勇往直前

最后,如果你的测试得到是矛盾的或者模棱两可的结果,以所得的信息为基础,相信你的想法是正确的。"我和来自 Kleiner Perkins Caufield & Byers 的风险投资公司的[风险投资人]布鲁克·拜尔斯(Brook Byers)同在一个专题小组,"萨顿回想起来,"他说保持优势就要清除杂草,浇灌鲜花。我问:'你怎么知道哪些

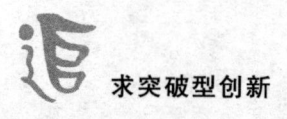

是杂草,哪些是鲜花呢?'他说:'有时候你不得不去猜。你不可能浇灌所有的植物。你必须集中精力只把一些事情干好,而其他的事情就只能被忽略了。'"

4. 你的产品开发流程是否有助于创新？

埃里克·曼金

4. 你的产品开发流程是否有助于创新？

埃里克·曼金

2004年秋，Danger 公司推出了它的便携式终端 hiptop2，一种高级电脑手机。这个产品集所有的通讯功能于一身，定价 300 美元，拥有彩屏和照相机，可以打电话、浏览网络、读取电子邮件发送器、作个人管理和即时通讯来使用。服务提供商为这一产品的面世兴奋不已。Danger 是一家私人企业，虽然它未曾透露其销售额，但是六个国家的八家无线载体公司现在已在出售该电脑手机 hiptop2。T-Mobile 公司正在全美国范围内销售该产品。

公司的电脑手机能发展至今（这款 hiptop2 是从最初的产品发展而来的最新一代）并不是遵循公认的企业产品发展的最佳通用模式的结果。这种公认模式要求采用点步式流程或者阶段关卡式流程。在这种流程框架下，项目线性前行，通过高管的审核，从一个发展阶段向下一个发展阶段推进。关卡审核使得经理可以过滤掉那些对公司似乎吸引力不足的项目，突出那些似乎具有更大潜在价值的项目。

与此相反,Danger 的 hiptop2 电脑手机经历的是一种更具循环性、更加灵活、更有反复性的产品设计流程,它使得设计者在开发产品的过程中,可以反复斟酌产品的反馈意见,并对反馈作出回应。

如果企业仅仅只采用点步式流程,它们就会有失去新兴市场或新技术中巨大机会的风险。事实上,如果遵照点步式模式,当开发团队努力为产品建构一个业务案例时,这样的机会往往早在流程的第二个阶段就陷入了困境。市场,甚至产品本身还不确定时(就如 Danger 的 hiptop 电脑手机案例一样),就很难给该产品或流程建构一个合理的竞争理由。

"花生"的进化

乔·布里特(Joe Britt)是 Danger 公司的创始人之一,也是技术主管,他在最近的一次采访中对电脑手机的发展过程进行了描述。"在 2000 年刚开始的六个月里,我们致力于最初的产品,称之为'花生'。它被设计为纳米 PDA——一种小巧、便宜的个人数字助理。它能够挂在钥匙链上,通过一个小小的端口就能连接到电脑上,这和我们 2002 年推出的 hiptop 电脑手机产品截然不同。"

Danger把它的"花生"拿给投资商看，投资商要求设计者把它变为无线型的。等到产品变成无线的，同一个投资商又建议给它设置两种连接方式，这样，它不但可以把信息传输到电脑，而且也能从电脑上接收信息。增加两种连接方式有助于Danger的创始人预见产品能力进一步拓展的方向。显然，如果设计者不通过重复的流程反复完善，Danger目前的电脑手机产品也就不可能被创造出来。

　　点步式的方法完善了产品开发流程，尽管如此，随着项目在通过一个个阶段和关卡后得以推出，它让整个组织都能看到项目的进展；它为高管提供了一种有组织地参与项目的方法；它为高级经理作出指导提供了一套训练有素的方法。然而，这种方法对于定位在具体、明确的市场的项目才最为有效。最初由西安大略大学（University of Western Ontario）的罗伯特·库珀（Robert Cooper）教授构思、并由库珀产品开发研究所（Cooper's Product Development Institute）阐释的流程看上去与"点步式产品开发流程"很相似。

　　自从库珀1986年在其著作《赢在新产品：加速产品从创意到面世的过程》（Winning at New Products: Accelerating the Process from Idea to Launch）中第一次详细阐述了这种方法，点步式流程就成为了大多数大型企业用来推出新产品的唯一方法，这主要是因为它增加了发展的生产力，缩短了上市的时间，减少了预计的失误率。

为项目裁剪出合适的流程

然而,面对新的、发展的市场或者技术的企业使用更具流动性的反复法,可能更有帮助,这种方法和"反复的产品开发流程"很相似。

许多新产品的成功取决于开发者与目标市场展开一场对话,提供产品,监测其接受情况,然后对其进行调整使之吸引更多的顾客。这是反复法的核心所在。然而,这样做耗时间,并要求顾客和公司所受过的教育能达到一个基本程度,对企业和产品开发团队的灵活性的要求更不在话下,而且要能听取市场的反馈并对其作出回应。

图4-1 阶段关卡式产品开发流程

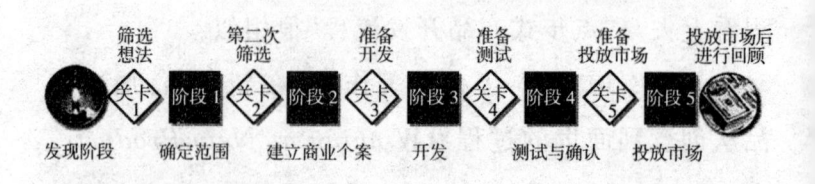

筛选想法		第二次筛选		准备开发		准备测试		准备投放市场		投放市场后进行回顾
关卡1	阶段1	关卡2	阶段2	关卡3	阶段3	关卡4	阶段4	关卡5	阶段5	
发现阶段	确定范围		建立商业个案		开发		测试与确认		投放市场	

图 4-2　反复型产品开发流程

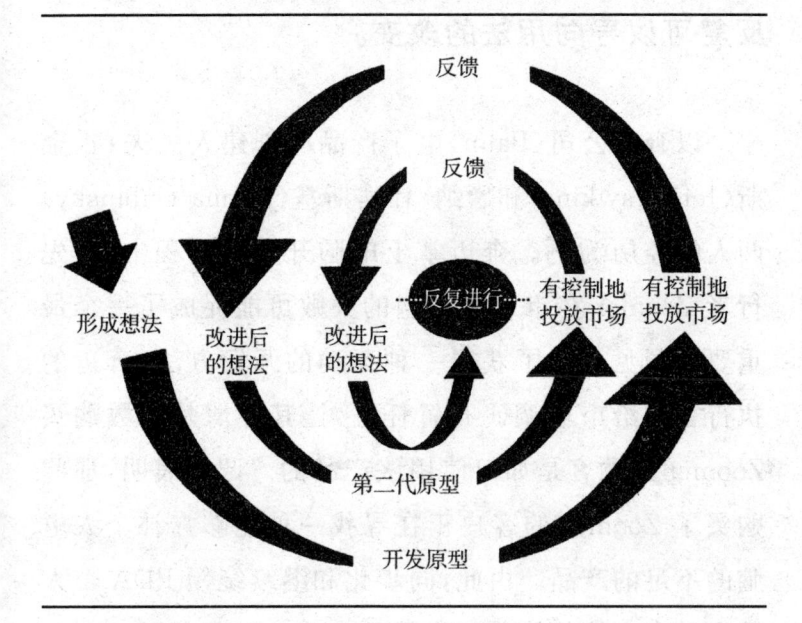

（图中文字：反馈、反馈、形成想法、改进后的想法、改进后的想法、反复进行、有控制地投放市场、有控制地投放市场、第二代原型、开发原型）

　　市场是全新的，并且处在进化阶段时，因为产品的现状影响到顾客对产品的需要，所以顾客虽然有所需求但还不清楚需要什么，此时，反复法对于提供一种市场上可行的、成功的解决办法非常有效。在新兴的市场上，顾客常常不知道他们需要某种产品，直到有机会看到这种产品并且试用一番之后，他们才意识到这一点。他们看到自己的反馈意见被采纳、并体现在产品上时，这只会增加他们购买的欲望。

　　使用反复法还有一种额外的收获。市场反馈有助于明确地指出应在何处进行下一轮的调整。

反复可以导向用法的改变。

以奔迈公司（Palm）电子产品的创建人杰夫·霍金斯（Jeff Hawkins）和唐纳·杜宾斯基（Donna Dubinsky）两人的经历为例。奔迈掌上电脑开发的过程中，其先行者 Zoomer 在市场上遭遇的失败可能促成了一个最重要的洞见。为了获得一种互动的开发方法，奔迈的执行官们给市场调研布置任务，让其弄清楚少数购买 Zoomer 的顾客是如何使用该产品的。调研表明，那些购买了 Zoomer 的客户正在寻找一种能够弥补个人电脑的不足的产品。由此，同步化和继续统领 PDA 个人数字助理市场的格式诞生了。

反复可以导向形式的改变。

1988 年夏普公司（Sharp）推出其产品"奇才管理器"（Wizard Organizer），它的键盘按照字母顺序来排列，字母 A 在左上方，Z 在右下方。很快，顾客就明白了，原来自己更喜欢 QWERTY 式排列的键盘，因此"奇才管理器"更加成功的另一个版本采用的就是 QWERTY 式的键盘布局。

反复有助于企业发展和建立产品的市场。

20世纪90年代中期之前,日本的抗抑郁剂市场很小。日本文化把抑郁病看做是一种耻辱无能的表现,患者只能在医院或者疗养院接受治疗。

礼来公司(Eli Lilly)发明了百忧解(Prozac)(这种药物开创了抗抑郁药物治疗的先河,于1988在美国推出)。在美国推出该产品后不久,它很快了解到向日本推出该药具有可行性,但它采用的却是点步式方法。最后,礼来公司决定不进军日本市场,因为那里没有明确的顾客需求。任何一个采用点步式流程的企业都会得出相似的结论。

然而,许多强烈的迹象都表明那里有需求,尽管这些需求还未得到公认和开发。例如,日本的自杀率大约是美国的两倍,这说明其中可能存在抑郁的问题。但日本的抗抑郁药物治疗的市场发展却要求对医生和病人进行一轮又一轮的反复教育。每一次反复都是建立在已有努力的基础上。

首先企业有责任把抗抑郁剂带到日本市场。日本东京制药公司明治制果株式会社(Meiji Seika Kaisha)董事长北里一郎(Ichiro Kitasato)把这看做一次与比利时药品和化学制品巨头索尔维公司(Solvay)联手的机会。利用这个机会,其公司和合作伙伴藤泽制药工业株式会社(Fujisawa Pharmaceuticals)共同于20世纪80年代后期在日本市场推出抗抑郁剂无郁宁(Luvox)。"这个公司的员工说,日本的病人太少了,"他对《华尔街日报》(*Wall Street Journal*)说。"但我放眼美国和欧洲……想到(日本)未来肯定是一个大的市场。"

这一责任得到履行之后,有助于启动顾客教育的意外好运出现了。1996年,日本的一家大型电视网络在黄金时段播出了关于抗抑郁剂药物治疗的纪录片。节目播出后,2 000名观众打电话感谢电视网公布了这个情况。

市场开发活动把抑郁症重新定位为一种相对普遍、可以治疗的病症,随着这一活动的开展,对日本病人的教育继续进行。1999年,明治制果株式会社和合作伙伴一起在日本展开了一场广告宣传战,宣称一个人的灵魂可能会得一场"感冒",日语是"*kokoro no kaze*"。这句话字里行间的意思很简单:如果你会在感冒时吃药,那么你有抑郁症的时候,同样也应该吃药。

接着,市场的开发从广告宣传发展到互联网,潜在的顾客可以通过互联网找到关于抑郁症和药物带来的好处的文章。通过增加新闻媒体的报道和公众关于抑郁症的讨论,市场教育的努力得到了扩大和加强。

结果,在过去10年里,抗抑郁剂在日本受欢迎的程度发生了急剧的变化。随着这种变化,日本的抗抑郁症药物市场飞快地成长起来。例如,葛兰素史克公司（Glaxo-SmithKline）2000 年 12 月在日本推出了药物帕罗西汀（Paxil）。2001 年，其销售额达到 96 500 000 美元。而 Luvox 和 Depromel 虽然还是用 Luvox 这个名字，但由明治的合作者藤泽来销售，在 2002 年其销售总额大约为 116 500 000 美元。2003 年，葛兰素史克报道说，帕罗西汀的国际销售额中有 27％的增幅是日本市场的强势增长带来的。

然而，虽然礼来公司是抗抑郁症药物的全球市场领军者，2004 年其在日本仅仅只能推出百忧解，并且在日本市场上依然落后于竞争对手。该公司在 90 年代早期所作出的远离日本市场的决定在点步式流程的框架下是合理的，但已经被证实，这是一个代价昂贵的决定。

对各种可能保持开放态度

在某些情况下，企业把精力集中在服务一个现有的或者新兴的市场上，它们可能会发现自己缺少满足产品开发需求的最佳技术。解决技术问题的方法渐渐可以通过购买技术的方式得到解决，通常其购买价格要比内部开发的解决方案的成本低得多。加州大学伯克利哈斯商学院（University of California, Berkeley's Haas School of Business）的亨利·切斯布罗格教授

（Henry Chesbrough）说，企业如果遵循了精心计划的"征求创意"流程，通常借助于互联网，一般可以获得10个高品质的提议。有时候，还能获得多达40个的高品质提议。

遗憾的是，绝大多数企业都不知道该在何时、以何种方式跨越界线，到外部寻求解决方案；此外，他们也常常不知道自己要寻找的究竟是什么。阶段关卡式流程强调快速地度过一个又一个关卡，并不用来鼓励外部研究。另一方面，因为反复法的使用对象是进行市场开发的项目，因此，它往往也只寻求现有的技术解决方案。例如，Danger公司试图将它的"花生"变成无线型产品时，它依靠的是一种名为DARC的无线电技术，也就是数据音频无线电频道技术，名称来自一家日本公司。该技术用来广播设备所接受到的信息。

寻找现有的技术解决方案越来越容易。目前有好几家新的企业，如九西格玛（NineSigma）和 Inno-Centive，都把目标设定在为技术问题寻找解决方案上。以意诺新为例，它让化学和生物学方面的科学家和各个企业共同寻找具体的解决方案。

流程要适合产品，而不是反其道而行之

1962年，著名的历史学家小艾尔弗雷德·D.钱德

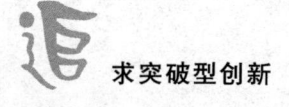

勒（Alfred D. Chandler Jr.）出版了《战略与结构：美国工业企业史》(Strategy and Structure: Chapters in the History of the American Industrial Enterprise)，该书对企业战略和企业组织之间的内部关系进行了一番历史回顾。他建议在两者之间建立一种清楚的层级关系：结构服务于战略。钱德勒的研究表明：企业的结构常常阻碍了战略的成功实施，因而带来了深层次的负面后果。

今天，在很大程度上，由于盲目地接受行业习惯，许多企业的产品开发流程没有促成众多新的产品，反而对其造成了阻碍。为了获得成功，企业需要让产品开发流程满足产品概念的需要，而不是背道而驰。

5. 变革不是固定的目标

斯科特·D. 安东尼

5. 变革不是固定的目标

斯科特·D.安东尼

有句古话非常贴切地展现了想要成为创新者的人所面临的一个基本挑战："先行者易辨。负箭而行者即是。"开辟道路、开创市场的企业或个人常常会被那些不愿意冒险成为先锋的竞争对手攻击、打倒。

在商界，这种情形上演了一出又一出。十年前，网景公司(Netscape)开创了浏览器市场，之后被微软公司挤垮。1993年，汤姆·西贝尔(Tom Siebel)离开甲骨文公司(Oracle)后以自己的名字创建了Siebel Systems软件公司，销售客户关系管理(CRM)软件，该软件提高了一个行业管理销售计划的能力。软件巨人SAP当初并没有抓住客户关系管理市场，到后来才进入这个市场，但它计划超赶Siebel公司，成为该领域的龙头企业。事实上，Siebel已经感觉到箭芒刺背：2000年到2003年之间，它的股票已经下跌了94%。

许多人都好奇，同样的命运会不会降临到TiVo公司头上呢？TiVo公司的创新数字电视录像机已经得到数以百万的使用者的信任,但在它寻求进一步发展之际,却遇到了挑战。

炙手可热的新贵何时会以背部中箭而告终,谁又能说得准呢?沿着突破型道路前行的新参与者,若从简易、便捷、客户化和价廉等方面获得新的利润,实现增长,常常可以避免这些暗箭,迅速开辟出新的道路。而有时候一些似乎遵循了突破型策略的企业最终也不会挤垮现有的企业重塑其行业。

突破型的开始不会带来突破型的结局时

利用非对称性策略的优势,企业能够引进带来增长、重塑行业的突破型创新。典型的模式是:刚开始,现有的企业忽视了新入市者的发展,接着新入市者不断入侵现有企业的业务,导致现有企业逃离其业务而非为争取业务而战。最后,新入市者最终取代了现有的企业。然而,当某些因素不适合这一模式时,如,新入市者只对最初的市场感兴趣,行业经济情况激发了现有企业为业务而战,而不是逃离,或者新入市者所作的决定磨钝了突破的锋刃——此时那些似乎就要获得成功的企业会因此而突然脱轨。

现有企业认为创新是可持续的

因为潜在的变革者通常小而灵活,所以它们常常比大的现有企业更早地辨别出机会。可是,新入市者需要注意的是,不要认为现有企业最初对机会表示淡漠就必然意味这些现有企业是可以变革的。如果新入市者所引进的一项创新在资源丰富的竞争对手看来是可持续的,一旦该新入市者证明某个新市场的确存在,现有的企业就会调动资源进行反击。

Siebel公司和TiVo公司的例子都说明了这种情形。Siebel快于SAP开创出了CRM(客户关系管理)软件业务。但是,从SAP的角度来看,CRM看上去就像是一种创新,它维系了SAP的企业资源计划软件的功能(该软件有助于管理诸如企业生产和采购流程等事务)。SAP最重要的客户也想获得提高销售成效的能力。CRM恰好进入了SAP领先的软件市场的运行轨道,同时,SAP也具有把CRM程序和自身软件的其他程序整合在一起的能力,这两个因素使得SAP能生产出比Siebel更好的产品。

同样,TiVo想出了毫无疑问也是创新的一个点子,这个创意发明的是一种硬件,它可以让人们进行数码影像,在任何想观看的时候观看。事实上,这种硬件开创了整个一个新市场。然而,DVR(数字电视录像)技术在许多该行业的参与者看来非常具有可持续性。

一旦有线电视公司了解到客户希望在需要时能看到自己想看的,只要这些企业愿意,它们就会开始实验,找出各种能够提供竞争服务的方式。它们要求机顶盒制造商,如摩托罗拉(Motorola)、科学亚特兰大(Scientific-Atlanta)等公司在有线机顶盒中设置DVR功能。因为机顶盒生产商和有线电视公司控制着用户端,所以它们可以把DVR的专门制造商,如TiVo,无法接合的解决方案接合起来。

因此,TiVo非但没有控制该市场,反而被迫抵挡那些受到刺激、经济实力雄厚的企业所发起的反击,因为它们想要攫取TiVo已经创造的价值。作为回应,TiVo开辟了新的创收渠道。尽管此举可能会成功,但是,为了急速逃离它所开创的市场TiVo却花费了巨资。

行业结构让企业自然选择迎战而不是逃离

一旦现有企业觉得逃离市场不是诱人的选择,突破就会变得格外的困难。如果现有企业缺少能力,不能向高端市场转移或者不能放弃低端市场,在这种情况下,它们只要感到存在威胁,就会选择回击。此类挣扎带来的是为抢夺市场份额而进行的激烈战斗,胜利者的战利品是受宠的新业务。

非对称性如何推动突破

准确地理解突破是如何进行的,有助于你确定哪些创意真的具有突破性,哪些创意只是看上去具有突破性。突破的关键在于非对称性,即一个企业所做的事情是其对手不愿意做或者没有能力去做的。通常突破都按照三个步骤来进行:

1. **变革者进入现有企业漠视的市场。** 变革者要么把目标锁定在业已成形的市场的低端,获取现有的服务触及不到的顾客(试想一下折扣零售商),要么与非消费行为展开竞争,创造新的市场(试想一下个人电脑)。通常现有企业缺少动力去追逐或捍卫干劲十足的新入市者想要服务的市场。要么该市场的顾客对于现有企业来说利润微薄,要么该市场好像过于无足轻重。因此,现有企业忽视了突破型的发展或者退出了入市者瞄准的市场。这种非对称性的动机就像一张盾牌一样在早期保护着变革者。

2. **入市者成长而现有企业回避其市场。** 随着进一步改善其产品或服务,入市者逐渐开始侵入要求更高的市场层面。现有企业感到威胁时,它的正常反应是逃离而不是还击。

被变革者低廉的价格或者相对直接的产品或服务(通常性能不高)吸引后,在要求最低的现有企业顾客中,矛盾首先变得明显起来。此时,现有企业常常要面临选择:是投入资金捍卫利润微薄的业务,还是投资生产更好的产品以向高端市场上要求更高的客户开出更高的价格。它们通常倾向于放弃低端业务,寻找具有更高获利机会的高端市场。变革者再一次获得了非对称性动机,因为,此时,在业已成形的市场上,即使是对性能要求最少的顾客看上去也非常具有吸引力。

3. **现有企业发火啦。** 上文描述的向高端市场逃离,不可能永远进行下去。随着越来越多的高层市场客户"弃船而逃",有一点变得越来越清楚:现有企业需要还击了。然而,此刻它们才明白这一点,常常为时已晚。躲在非对称性动机盾牌后面的新入市者已经获得了开发独特技术的时间,这些独特技术能够带来与便捷、客户化和低价格相关的新利润。此外,新入市者还和新的合作伙伴建立了关系,获得了对其突破型业务模式的支持。

现有企业的技术虽然在其核心市场具有力量,却不能帮助企业对变革者的突破作出有效回应。随着游戏向变革者这一方倾斜,现有企业要作出回应越来越难,因为入市者正在做的正是现有企业无法做到的。

此类情况最明显的例子在航空业,折扣航空公司,如捷蓝(JetBlue Airways)和航空运输协会(ATA Airlines)虽然已经进入了该行业的低端市场,但却受到了诸如美国航空公司(American Airlines)和达美航空公司(Delta Airlines)等领军者的强硬回击,但这些现有的航空公司既没有能力转移高端市场,也没有动力放弃低端市场。

领军的航空公司愿意提供那些可让它们进入更高市场层面的额外服务吗?当然愿意。顾客非常愿意为之支付额外费用的方面为数不少,如缩短航程、按时到达的承诺等。这些方面是向高端市场转移所必需的,然而,航空公司却正好没有能力确保它们。

领军的航空公司是否有摆脱要求没那么高的顾客的动力?这些顾客目前想要的是尽可能低的价格。要摆脱他们几乎不可能。经营航空公司特别复杂,风险重重,涉及高额的固定开销。仅是经营机群在天空飞翔这一项,领军的航空公司就要耗费数亿美元。此外,它们还要让好几万名员工监控漫长的航线结构。尽管这些花销昂贵,多承载一个乘客所增加的成本却很低。因此,航空公司受到了鼓舞,它们把固定开销分散到尽可能多的乘客身上,宁愿让乘客少付点钱,也不愿让一个座位空着。

因此,尽管折扣航空公司的费用结构允许它们通过较低的价位来挣钱,但是,当它们开始从业已成形的公司中拉走顾客时,那些公司除了回击外,别无选择。

航空公司可以动态地调整单个座位的价格,这一事实赋予了它们有效的回击策略。当捷蓝航空公司开始飞行从波士顿(Boston)到加州奥克兰(Oakland,CA)和到佛罗里达州的奥兰多(Orlando,FL)的路线时,美国航空立即作出回应,大幅降低这些航线的票价,为乘坐过两次相似航线的顾客提供搭乘美航任意航线的免费机票。当捷蓝试图闯入达美航空公司在亚特兰大(Atlanta)的枢纽时,达美公司大幅减价,并增加了50%的航班,将捷蓝驱逐出市场。

> 突破是一种富于策略性的选择。
> 企业可以采用突破型策略,
> 也可以采用让现有企业获利的方法转型。

人们常常把西南航空公司33年的成功作为这一点的反面案例。但是,它的绝大部分成功并非来自于对现有企业的正面进攻。相反,它在很大程度上选择了二级机场之间点对点的飞行线路,所选的城市有普罗维登斯(Providence)和巴尔的摩(Baltimore)之类的。因为它没有直接对现有企业发起进攻,所以它能够发展33年而没遭到回击。

通常,当现有企业需要利用大批用户来分期偿还大量前期费用,并且多增加一个顾客所要的边际成本很低的时候,他们就会受激反攻,而不是逃跑。

入市者选择降低经营模式的突破性

突破常常是一种富于策略性的选择。企业可以选择采用突破型策略,也可以用让现有企业更容易获利的方法对策略进行变形,降低变革现有企业的几率。

例如,地区性航空公司,其起飞的机场都处于偏僻的小城市,而传统的航空公司不愿意提供该项服务,因此地区性航空公司充满了突破的能量。与传统的航空公司相比,它们的经营模式成本更低。然而,地区性航空公司几乎都选择了弥补领军公司业务的不足,而不是对其进行突破。具体说来,它们采取的策略是,采用现有的星型拓扑网络来满足顾客,而非开创一个补充网络。

2002年,超过60%的地区性航空公司的飞行都依赖于大型航空公司的星型拓扑基础设施。为了适应现有的网络,地区性航空公司必须共用舱门,使用共同的编码协议,这样顾客才能从多个经营商那里即时买到机票。通过这种方式它们把自己的业务与大型航空公司的业务结合起来。它们看上去不像是现有企业的潜在威胁,最后反而像是合作伙伴。

一般情况下,企业将自己置身于一个成形的价值网络中,即由一家现有企业以及它的供应商、渠道和合作伙伴组成的团体时,必须调整策略,与该价值网络的共同目标和经营模式保持一致。这种一致性减少了突破的潜在可能,增加了现有企业在"吸收"新策略的过程中发现价值的机会。

随着地区性航空公司的发展,现有的公司深受刺激,想要赶上这拨发展。1999年末,达美公司购买了柯麦尔航空公司(Comair)。与此同时,它还拥有了亚特兰大的东南航空公司(Atlantic Southeast Airlines)。美航有美利坚之鹰航空公司(American Eagle),其旗下有公务航空公司(Executive Airlines)、旗舰航空公司(Flagship Airlines)、西蒙斯航空公司(Simmons Airlines)和翼西航空公司(Wings West Airlines)。在2002年首次公开募股发行之前,快捷控股公司(ExpressJet Holdings)[以大陆快运公司(Continental Express)的名义飞行]是完全归属大陆航空公司(Continental)的子公司。大陆航空公司对其拥有53%的所有权股份。选择补充型策略,地区性航空公司可以增加存活的机会,但它们却降低了突破现有企业的机会。

按照这条线索思考,有助于对捷蓝公司提出建议,并有助于指出捷蓝公司要做些什么才能继续使突破型增长的机会最大化。捷蓝公司应该努力与非消费行为竞争,在现有企业觉得无利可图的航线上飞行。它应该努力把受现有价值网影响的方面降到最少。对于捷蓝公司的投资者来说，幸运的是，它似乎正在朝这个方向前行。2003年，捷蓝公司宣布计划购买大量的地区喷气式飞机。如果它使用这些飞机拼凑出一张实实在在的美国国内网络，而这张网并不与领军航空公司的星型拓扑网相互作用，它就可以开发出一种成功机会更高的策略。

快乐的突破型结局？

并非所有以突破开篇的故事都有快乐的结果。一家公司看上去已经开始走上通往突破型财富的道路，你要根据具体的环境来确定它会成功还是会在路上受到伏击。你要问问，对于任何一个资源充足的竞争对手来说，这项创新有没有可持续性。你要检查一下，受到威胁时，行业环境会不会使现有企业逃离而不是反击。此外，入市者制定和发展了它们的策略后，你还要仔细关注它们所作出的选择，以确定它们是在发扬而不是抹去自身变革的锋芒。

6. 你看到正确的信号了吗？

克莱顿·M.克里斯滕森

斯科特·D.安东尼

6. 你看到正确的信号了吗？

克莱顿·M.克里斯滕森

斯科特·D.安东尼

根据对未来的设想，我们每天都会作出无数个决定。有的决定相对而言更具风险。投资者购买股价即将急剧上涨的公司的股票；分析师作出行业趋势预测报告；顾问为客户提供决定成败的建议。

当然，挑战在于未来很少会和预计的一样。前途光明的企业突然就破败了；分析师的预测结果被证明100%错误；分析人员一不留神就把客户引上错误的方向。预测未来是一项令人沮丧的尝试。这一点对于变化多端的行业，如美国的电信行业尤为真实。

想想电信行业在过去10年一直遵循的创新模式吧。虽然1996年管制规定的解除带来了一股巨大的兴奋和炒作浪潮，但大部分企业和90年代末引进的技术带来的真正变化微乎其微。随着炒作热潮的消散，真正能够推动行业变化的技术和企业开始悄悄地显现出来。

这个模式表明，试图预测未来趋势的人所面临的

一种最为急迫的挑战是,确定被炒作的创新是否真的具有改变行业的潜能。以近年来三个行业的发展为例:

1. 斯盖普技术公司(Skype Technologies)出现了。该公司是基于因特网的免费电话服务供应商,它的两位创业者还创造了Kazaa(一种文件交换软件,可让人们共享互联网上的音乐)。

2. 行业传奇人物克雷格·麦考(Craig McCaw)六月宣布其最新的企业Clearwire将提供高速无线宽带网络解决方案。

3. 美国在线公司(America Online)和其他即时信息处理服务供应商所悄无声息付出的努力将使人们更加容易地利用简单的技术召开电话会议和视频会议。

以上的发展哪些是变革性的,哪些最终只是炒作的成分更高?本文将讨论我与埃里克·A.罗思(Erik A. Roth)合著的新书《远见——用变革理论预测产业未来》(Seeing What's Next: Using Theories of Innovation to Predict Industry Change)里所展示的分析法是如何有助于回答上述问题的。事实是,以上发展都是在本书完成之后产生或者变得愈加清晰的,这个事实说明了该行业的本性是动态的。

我们的分析表明这些发展进一步证明电信行业濒临实质性的变革。虽然未来的重大选择仍然会决定在尘埃落定后谁将获胜,但有一点很清楚,那就是,未来将与现在迥然不同。

斯盖普:从边缘兴起的 VoIP 网络电话

在电信业讨论最多的技术之一是 VoIP(网络协议电话)技术,它利用互联网以数据的形式传递声音讯号。网络电话的通话质量略微低于传统的电话。它缺乏其他一些重要特征,如"线路动力"(这个特征可让传统电话在没电的情况下继续工作)。然而,网络电话能特别有效地利用网络,所以其供应商每次通话收取的费用相对较低。此外,这项技术既富灵活性,又体现了个性化。

我们认为,虽然网络电话服务提供商,如 Vonage 的浮现似乎体现了一种即将针对低端市场的颠覆,但是现有企业有可能"吸收"这种技术,并把这种技术提供给核心客户。

为什么呢?网络电话商意在夺取现有的当地电话巨头的核心业务[在美国,这些巨头包括威瑞信通讯(Verizon)、SBC 通讯(SBC Communications)、南方贝尔(BellSouth)以及 Qwest]。因为电信是一个需要高额固定成本的行业,电信商一直以来都致力于实现"通用服务",所以现有企业拥有为争取每一个顾客而战的动力。由此,我们可以预测,北美的每一个龙头电信商都会宣布自己已经拥有了网络电话战略。

> *如果把自己与竞争对手价值网的互动降低到最少,努力创造突破型增长的企业就会具有更佳的成功机会。*

由尼卡拉斯·曾斯特洛姆(Niklas Zennström)和贾纳斯·弗里斯(Janus Friis)创立的斯盖普技术公司,以不同的方式开展网络电话的业务。2003年8月,该公司推出了试用版的P2P对等网络技术软件。使用这种软件的用户可以通过他们的个人电脑与世界上其他斯盖普的用户通话。它的使用是免费的,而且容易下载和安装,通话是免费的,而且质量也很高。

斯盖普的出现清楚地标志着该产业发生了变化。通过赋予语音通讯全新的内容,斯盖普的产品正在竞争进入非消费领域。到2004年7月,该软件的下载的次数已经超过了1 700万次。2004年4月斯盖普推出了该软件的一种版本,利用它,用户使用连接到高速的无限局域网(Wi-Fi)的移动设备就可以免费与斯盖普的用户通话。

斯盖普目前利用的是强有力的非对称性,一旦竞争的战斗打响,这种非对称性将被证明是一笔真正的财富。斯盖普目前把焦点放在新市场的应用上。它的经营模式进一步限制了现有企业作出反应的机会。斯盖普不但没有对电话收费，反而打算靠出售服务（例如语音邮件）和广告来赢利。为了模仿斯盖普的模式，现有企业将不得不放弃它们的核心产品。最终，斯盖普躲藏在非对称性动机这面盾牌之后，而它所开发的有关软件开发和管理数据应用的技术将进一步限制对手回击的能力。

　　斯盖普面临的一个重大战略选择是，它是否要不断扩展，超出其独立的价值网络的范围。自由价值网络要求打电话和接电话的双方都使用斯盖普的软件。一般说来，如果把自己在竞争对手价值网上的互动降到最少，努力创造突破型增长的企业就会具有更佳的成功机会，因为这一举动既让新入市者强化了其突破性的优势，同时又制约了竞争对手密切关注解决方案的能力。

　　可能令人不安的一个迹象是，斯盖普已经获得了顶级企业投资商，如贝西默风险投资合伙公司（Bessemer Venture Partners）、德丰捷公司（Draper Fisher Jurvetson）的投资。此类投资中暗藏的希望是，斯盖普能够得到快速发展；然而快速发展的需要可能会迫使斯盖普采用与Vonage和其他网络电话商相似的经营模式，它们瞄准的都是已有的大型市场，并未试图开辟新的市场。

　　要做到这一点，斯盖普将不得不放弃它独立的价值网络，进入相互重叠的网络，这样就削弱了它的突破性优势。事实上，六月，斯盖普悄悄地推出了一款名为SkypeOut 的第二个应用版本，它让用户预先支付话费，然后可与斯盖普网络外的普通电话通话。

然而，如果斯盖普的投资者鼓励其以耐心的态度等待发展，同时又鼓励它对利润抱有急切的心态，直到有一天它找到一种切实可行的经营模式，斯盖普是可以继续发展并推动产业变革的。

Clearwire 公司：一个传奇的回归

Clearwire 公司首席执行官雷格·麦考曾经撼动过电信业。1981 年他创立了麦考移动电话公司（McCaw Cellular），该公司在 1994 年被美国电报电话公司（AT&T）以 115 亿美元收购之前，是第一个真正全国性的移动电话供应商。此后，麦考继续建立了 Nextel 公司，它受人欢迎的"一键通"服务使公司的市价攀升至数十亿美元。

可是，麦考的运营记录并非由一串牢不可破的成功传奇组成。试图闯入当地电话市场的 XO 通信公司（XO Communications）在 2002 年破产倒闭。希望能提供卫星传送互联网服务的 Teledesic 公司，从来也没有发射过卫星。

麦考希望把 Clearwire 公司加入到他成功的链条中。利用自己可以安装的小型设备，用户就可以实现高速无线入网。这种设备必须在静止状态才能工作，所以被称为"无线网络"设备。Clearwire 公司避免了从电报或电话公司获得高速连接的需要。

　　Clearwire 公司的经营模式具有几个关键因素，加强了它获得顾客的能力。首先，它收费很低，因为它的解决方案并不需要建立昂贵的网络。其次，公司拥有了一家被称为 NextNet 的无线网络设备公司。通过"端对端"地控制向客户提供的服务和设备，Clearwire 公司能够灵活地处理重大问题，并且它的解决方案变得更加可行。例如，该公司声称，无需专家的帮助，用户可在 15 分钟内安装好设备。

如何做到有远见

　　在《远见——用变革理论预测产业未来》（Seeing What's Next）中，我们建议采用"三部"流程来利用创新理论，预测产业变化。

　　首先，寻找"变化的信号"，也就是公司要满足三类不同顾客群需要的迹象。这三类顾客是：服务未到位型顾客，现有的解决方案对他们来说不够好；服务过头型顾客，现有的解决方案对他们来说好得过了头；非消费型顾客，这些人要么没有技术，要么没有钱，要么没有能力从现有的解决方案中受益。

出现服务不足型顾客的迹象包括：顾客迫切地抢购新产品、价格稳定或升高、提供具备基本功能产品的公司挣扎求生。服务不足型顾客寻找的是持续的创新，这种创新可以消除现有产品和服务与他们期待完成的事项之间的差距。

服务过头型顾客认为现有的解决方案好得过头了。存在服务过头型顾客的表现包括：顾客购买新版产品犹豫不决、价格下跌、提供基础功能产品的企业出现。服务过头型顾客欢迎低端的突破型创新，这种创新以低廉的价格提供了足够的技术性能。

非消费现象出现的标志包括：顾客求助于懂得更多技术或受过服务培训的人、市场只限于那些很有钱的人，需要到集中的、不便的地方进行消费。非消费型顾客欢迎新市场的突破型创新，这种创新可以让他们更加容易、更加方便地自己解决问题。

尽管关于产业变化的分析大部分都集中在服务最未到位的顾客身上（通常定义为"领先型"顾客），但是关注最有潜能推动产业变化的创新，事实上要求特别留心要求最少、服务过头得最厉害的顾客，以及似乎处在市场边缘的非消费型顾客。

流程的第二个部分要求分析"竞争战斗"，从而确定哪些公司可能获得成功。这个部分的分析包括两点。第一点是,把握全局,确定每个竞争者的实力、弱点和盲点。把握全局包括评估公司的资源(它有什么)、流程(经营的方式)和价值观(决定资源分配方式的原则)。大多数分析应该集中在流程和价值观上,流程决定了一个公司可以做什么、不可以做什么,价值观决定了一个公司将会做什么、不会做什么。第二点要求寻找具有不对称性的公司,这些公司目前所从事的业务是它的对手没有技术或者没有动机去做的。

流程的第三部分是对有助于确定最终赢家和输家的"战略选择"进行评估。对新入市者进行评估时,看看该公司是否遵循了有利于找到突破之路的准备体系。检查管理团队的经验,证实该公司正在促成各类力量的形成,确定公司的投资者将允许它走上变革之路。

然后,检查一下,看看新入市者是如何选择价值网络的参与者的,如供应商、经销商以及辅助伙伴等。新入市者居于独立的价值网络且与现有企业没有互动,因此处于这个网络的入市者拥有推动产业变革的最大机会;处于已有的价值网络的入市者给现有企业创造了吸纳的机会。

最后,看看已有企业在变革的潮流中形成资本化的能力后是否已经获得了大师级突破的黑带。已经培养出该能力的现有企业可以建立独立的组织或者使用已有的流程来回避突破型进攻者,从而对突破型威胁作出反应。

Clearwire公司非常重要的战略选择与它选定的目标顾客群相关。它有三条路可以选择。第一条是,与高端市场的消费进行竞争,努力把最好的服务带给那些对服务质量要求严格的顾客。Clearwire公司似乎并没有采用这种方法,这很好。鉴于新的技术具有不可预测性,公司的第一代产品有可能具有局限性,这将令此类顾客失望。

Clearwire公司的第二个选择是,与非消费行为进行竞争。公司可以尝试到发展水平较低的国家去,那里缺乏接受任何宽带服务的基础设施。尽管这条路非常艰难,但它具有推动突破型增长的真正潜能。

最后一条路,也是Clearwire公司似乎正在走的这条路,是采用一种混合的低端/新市场战略。战略的低端部分所瞄准的顾客虽然购买现有的产品和服务,但认为它们太贵、太复杂。战略的新市场部分将通过获得先前被锁在市场之外的顾客来扩大市场。

Clearwire公司越是严格地遵循突破之道,它成功的机会就越大。对它有利的一个结构因素是,在美国宽带普及率已近20%,这意味着现有企业已有大量的空间可供它们向高端市场迈进。

你怎么能评判Clearwire公司有可能坚持走变革

之路呢？在书中,我们建议看看公司的准备体系:它的管理团队、战略决策流程和投资者。

> 可下注的企业是那些意识到它们需要做点不同的事情并使新兴技术资本化的企业。

对 Clearwire 公司来说,所有前沿的迹象都显现着光明的前途。该公司似乎正遵循着一条应运而生的战略,这个战略强调实验和灵活性。今年夏天该公司只在两个市场着陆,但它计划在 2005 年将业务扩展到 20 个市场。麦考自己掌控着 Clearwire 公司,这意味着其投资者将不会迫使其过快发展。最终,经验给了麦考以希望,也使他了解了不同的方法所带来的危险。总而言之,Clearwire 似乎已经具备了推动突破型增长的绝好机会。

即时通信:突破继续开花

虽然网络电话带来了许多炒作,但具有同等潜在革新力的创新却悄悄地在这场炒作身后奏响。

即时通信首先作为一种供年轻人相互发送短信息的方式站稳了脚跟。数百万的用户下载了这种由美国在线、微软和雅虎提供的免费软件。

今天,使用即时通信技术的企业数目在不断增长;IBM和微软公司提供了企业级的产品,进一步满足了企业用户们更为苛刻的需求。

请注意,上述公司都不是传统的通信服务提供商。这些发展是变化的真正信号。即时通信技术给通信能力带来了新的内容,用户用完全不同于使用电话的方式进行交流。运营商用即时通信技术扩大了它们的经营模式,该模式与大多数的通信服务提供商的经营模式大不相同。

在《远见——用变革理论预测产业未来》中,我们提到过,需要关注的关键是,即时通信服务提供商如何通过增加新的服务朝高端市场拓展。六月,美国在线宣布了与网迅公司(WebEx Communications)和光桥公司(Lightbridge)所签订的协议,宣布联合利用即时通信技术提供网络会议和电话会议。

美国在线决定就此项服务收费,这终将被证明是错误的,因为这并不符合即时通信免费、简短的价值主张。然而,它表明了即时通信服务提供商是如何一步步成为真正的电信业致力于进一步彻底变革的参与者。

总　结

　　总而言之，本文所讨论的技术大体上似乎对已有建树的市场主导者们构成了威胁。继续开发独特的经营模式的新入市者拥有推动产业变革的真正机会，它们的经营模式要么可以赢得非消费者，要么可以把消费带入新的语境。

　　然而，正确出牌、将这些技术看做是机会的现有企业具备了一种能力，这种能力可以利用创造新增长业务的突破型方法，把这些技术方案和现有的资产结合起来。例如，六月，英国电信公司（British Telecom）推出了一种服务，可使用户通过雅虎的即时通信产品打电话。

　　一般说来，下注的现有企业都意识到它们需要利用新的组织形式，包容不够完美但能给顾客带来新好处的解决方案，从而作出点与众不同的事情来将应运而生的技术资本化。

　　以理论为基础的方法的好处之一在于，即使你并不确切地知道未来会发生什么，你也可以集中精力关注标志着重大产业变化的事情。当即时通信服务提供商增加的特色功能使之接近市场的核心，"天平"就会进一步向突破型增长倾斜。当成熟的电信运营商宣布计划推出网络电话的方案,"天平"就会倒向与突破型增长相对的一方。

不断地寻找变化的信号,评价竞争之战,并留心重要的战略选择,将有助于理解这类技术的进展,并且增加了预测任何行业之未来的能力。

作者简介

作者简介

斯科特·D. 安东尼（Scott D. Anthony），创新洞察管理顾问公司（Innosight）的合伙人。

克莱顿·M. 克里斯滕森（Clayton M. Christensen），哈佛商学院工商管理学罗伯特（Robert）和简·西齐克（Jane Cizik）教席教授。他与迈克尔·E. 雷纳（Michael E. Raynor）合著了《创新者的求解：创造和维持成功的增长》(*The Innovator's Solution: Creating and Sustaining Successful Growth*)（哈佛商学院出版社，2003）。

加里·哈梅尔（Gary Hamel），伍德赛德研究所（Woodside Institute）主席。该研究所的使命是增加组织的弹性，促进组织的创新和复兴。

亚力杭德罗·赛亚哥（Alejandro Sayago），墨西哥水泥巨头 CEMEX 公司创新流程指导。

安东尼·W. 乌尔维克（Anthony W. Ulwick），策略

通公司(Strategyn)首席执行官。该公司是一家位于美国佛罗里达州兰塔纳(Lantana)的创新管理咨询和企业软件公司。

洛伦·加里(Loren Gary),《指南针》杂志(*Compass*)主编。该杂志属于哈佛大学约翰·肯尼迪政府学院(John F. Kennedy School of Government)的公共领导中心(the Center for Public Leadership)。

亨利·切斯布罗格(Henry Chesbrough),加州大学伯克利加哈斯商学院技术策略和管理中心(Center for Technology Strategy and Management)的执行理事。

朱迪思·A. 罗斯(Judith A. Ross),经常写商业评论的波士顿作家。

哈尔·普洛特金(Hal Plotkin),加利福尼亚帕洛阿尔托(Palo Alto)的作家和编辑,《年度企业家杂志》(*Entrepreneur of the Year Magazine*)前任编辑。他现在为《旧金山纪事报》(*San Francisco Chronicle's*)网站 SFGate.com 的专栏作家。

埃里克·曼金(Eric Mankin),创新与商业建构公司(Innovation & Business Architectures)总裁,这家公司

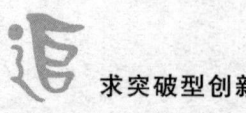

提供开创新产品和业务方面的咨询服务。

马克·W. 约翰逊(Mark W. Johnson),创新洞察管理顾问公司(Innosight)的总裁。

马特·艾林(Matt Eyring),创新洞察管理顾问公司总经理。

克莱尔·马滕斯(Clare Martens),马萨诸塞州沃尔瑟姆的商业和IT业记者。